すごい セルフ除霊

超開運「お清め」習慣

霊能力者
柳生忠司

KADOKAWA

すごい
セルフ除霊

超開運「お清め」習慣

はじめに　とんでもなく運を良くするたった一つの方法

なぜかいろいろなことがうまくいかない。自分の思うようにものごとが運ばない。嫌なことがたくさん起こる……。あなたは、そんな悩みを持ったことはありませんか？

こう疑ったことはあるでしょうか？

「もしかして、自分がうまくいかないのも、霊が悪さをしているせいなのでは？」

そんな話を聞いたことはありませんか？

「悪霊が取り憑くと嫌なことばかり起こる」

あなたがうまくいかないのは、霊が取り憑いてものごとの邪魔をする、いわゆる「霊《れい》障《しょう》」のせいなのでしょうか？

答えは、Ｙｅｓでもあり、Ｎｏでもあります。**なぜなら、霊障というものは確かにあるのですが、それを受けてしまう人はもともとうまくいかなくなることをしているからです。**

世の中には、霊障によりものごとが滞っている人がたくさんいます。しかしその反面、同じように見えない存在のサポートを受けながら、豊かに、幸福に生きている人もまたたくさんいます。

その違いは何でしょうか？　生まれつき幸運だから？

いいえ、生まれ育ちがどうであれ、**自分の力で運は変えられます。**

霊障に運を阻まれる人は、霊障を受けやすい考えと言動をしており、運に恵まれる人は、霊障を受けにくく、しかも見えない存在を味方につけるような考えと言動をしている。常日頃からたくさんの方の霊に関する相談に乗っている私は、そのことを確信しています。

私は、プロ霊能力者として除霊や開運のセッション、講座を行いながら、ＹｏｕＴｕｂｅで見るだけで除霊できる動画や、運気を上げる動画を日々配信しています。

おかげさまで、受講された方からも、ＹｏｕＴｕｂｅの視聴者からも、実際に状況が改善されたという報告が毎日山のように届きます。

セッションや講座を受けられた方々からは、「苦手な人ともうまく付き合えるようになり、楽になった」「頭痛やめまいを感じなくなった」「うつの症状が改善された」「自分を否定してばかりいたが、自己重要感が高まって楽になった」「心身共に疲れて死にたいと思っていたが、セッション後は気持ちが楽になって死にたいと思わなくなった」「困った問題を抱えて追い詰められていたが、立ち向かえるようになり、驚くほど問題が解決し始めた」「事業が黒字になった」などといった感想をいただくことも。

この方々の状況が改善されたのは、除霊の結果ばかりではありません。受講をきっかけに、それまでの自分の考え方や言動がうまくいかないほうに向かっていたことに気づき、方向性を変えていったからです。

では、どうすれば霊障を受けずに見えない存在に応援してもらう方向に行けるのでしょう？　それをこれから、本書でお伝えしていきたいと思います。

「霊界」とうまく付き合えばみるみる強運に！

見えない世界、いわゆる「霊界」には、さまざまな存在がいます。「神様」もいますし、神様に仕える狛犬《こまいぬ》や狐のような「眷属《けんぞく》」もいます。神様の中には、「お金が欲しい」「志望校に合格したい」といった私たちの現世での願いを叶えてくれるものも。

反対に、貧乏なライフスタイルが良いと思っていて、取り憑いた人を貧しくしてしまう「貧乏神」など、人間にとっては好ましくない神様もいます。

スピリチュアル的に「宇宙」といわれるのは、こうした神的な存在のいる世界のこと。本書で「宇宙銀行からお金を引き出す」というときの宇宙は、このような世界のことです。

霊界には、亡くなった人の魂である「死霊」もいますし、生きている人間の想念のエネルギーもあります。例えば、話している相手が表情を変えなくても何となく「嫌だと思っているな」「嬉しそうだな」と気持ちがわかることがありますよね。それは私たちが**見えない世界にある感情のエネルギーを無意識にキャッチしている**ということ。

そのエネルギーは遠くの場所にいる人にも届き、その人に影響を与えます。中でも他人への恨みつらみなどのエネルギーは「生霊」といわれ、相手を攻撃します。そして**取り憑いた相手のものごとがうまくいかないように邪魔をする**のです。

しかし、人間には他人に対して「うまくいってほしい」と思う祈りや、いやしの想念もあります。そのようなヒーリングの思いのエネルギーが相手に届くと、受けた人の状況の改善に役立ったりもするのです。

人間関係で、「何だかあの人とは波長が合うな」と思うとその人と付き合いたくなりますよね。同じような波長の人は引き寄せ合い、違う波長の人は離れます。霊界も基本的に同じで、同じようなエネルギーを持っている人に引き寄せられていきます。

例えば恨んだり、悲しんだりしている人がいると、恨んだり、悲しんだりしている「死霊」が引き寄せられていくというわけです。

ですから、自分がどういう状態にいるかで、霊界の存在との付き合い方が変わります。

幽霊は「怖い」ものでも「悪さをする」存在でもない

「幽霊」といわれる存在は、その多くが亡くなった人の魂である「死霊」です。生きているものと死んでいるものの違いというのは、**魂がどこにあるか**です。

魂が肉体という入れ物に宿って生まれ、肉体の中に留まっているのが生きている状態。その肉体が動かなくなって魂が中に入っていられなくなり、肉体と離れたのが死んでいる状態です。

亡くなった後に残っている肉体を「亡骸《なきがら》」というのは、もう魂が入っておらずからっぽだということ。つまり、**魂自体は亡くなることはない**のです。

肉体と離れた魂は通常、あの世に戻っていって、また次に別の肉体に宿って生まれ変わります。けれども肉体と離れてからも生まれ変わりの道に進まず、この世に留まっているものもいます。これが死霊になるのです。

死霊というと人を祟《たた》ったりする怖いもの、というイメージを持っている方もいるかもしれませんが、そればかりではありません。亡くなったおじいちゃんの魂がまだあの世に帰らず、この世に留まって子孫を見守っている場合であっても、それは死霊。一概に死霊とは悪いものだとはいえないのです。基本的に、**霊界のものに良い・悪いはない**と思ってください。


生霊とヒーリングも同じ。ただ方向性が違うだけで、**基本的に人間の思いがエネルギーとなって他人に飛んでいくという点では一緒**なんです。そしてヒーリングは、エネルギーを送るほうが純粋に相手にいやされてほしいという思いで行えば効果は出やすい。けれど送り手が「自分の力でヒーリングを成功させて、多くの人に認められたい」というように承認欲求が強いと、逆効果になったり、「あの人が良くなるなら、自分がその痛みを引き受けてもいい」というように自己犠牲の思いで行うと、本当に自分に返ってきて、結局ヒーラーとして仕事が続けられなくなったりするのです。

また愛情も良いエネルギーだと一般的に思われるものですが、好きすぎて嫉妬する、相手を束縛する、攻撃して危害を加えるというようなことがあれば、あまり良いとは思えませんよね。

そのように、「死霊は悪い」とか、「愛情は良い」といえるものではない。ただ方向性が変われば、結果も変わる、というだけの話です。

その結果を見て、私たちは、もし自分の思う通りの方向に進ませてくれるものであれば「良い」と思うし、反対に邪魔をするものがいたら「悪い」と思う。また、多くの人に都合が良ければ「善」と思い、都合が悪かったら「悪」と思っている。

良し悪しというのは、すべて自分の判断にほかなりません。

霊界の存在は、悪意や善意を持って私たちに何かをするわけではないのです。ただ**私たち自身が自分で作った原因を、素直に結果にしているだけ**です。

だからこそ私たちは、自分が何をするかによって、霊的な存在からどんな結果を受け取るかを自らコントロールできるのです。

うまくいかない人は、**どこかうまくいかないやり方をしている**だけ。うまくいくようになりたかったら、自分でうまくいくやり方に変えればいいのです。

エネルギーを大きくすれば勝手に運がやってくる

では、自分の望む通りの結果にしたかったら、どんなことをすればいいのでしょうか？それは、考え方、価値観や思い込みを含めたマインドと、習慣、行動、言葉を含めた体の使い方を変えることです。マインドとは、普段私たちが気づいていない**無意識の領域を含めた精神、意識**のことです。

運が良い人とそうでない人では、これらの面で大きな違いがあります。開運体質になりたかったら、運を呼ぶマインドと体の使い方をしましょう。

そうすれば、どんなにものごとがうまくいかず悩んでいた人でも、豊かで幸せな人生が送れるようになります。

マインドと体は、使い方次第で、自分の「可動域」、つまり動く範囲を広げたり狭めたりすることができます。

人の体には動かせる範囲があります。腕を動かせる範囲が広い人と狭い人では、いろいろなスポーツに挑戦できるかどうかが変わりますよね。

精神的にも、いろいろなことに挑戦できる人と、あまり行動範囲を広げられない人がいます。

それが人の心と体の可動域です。**人の持つエネルギーの大きさは可動域を広げることでどんどん大きくすることができます。**

可動域が広がり、エネルギーが大きくなると、霊の影響を受けにくくなる。反対に可動域が狭いと、エネルギーが小さくなり、霊の影響を受けやすくなるのです。

例えば、姿勢が悪くて猫背になっているような人は、可動域が狭くなって、エネルギーが小さくなる。そして体が弱くなり、精神的にも弱くなって、生霊などのエネルギーを溜めやすくなります。

しかも生霊のエネルギーが溜まることで、体も精神もいっそう弱まり、姿勢が悪く猫背になる。そしてどんどんエネルギーが小さくなり、可動域が狭まる、という悪循環が起きるのです。

可動域を広げるために、**体の状態を整えること**。そして、**意識の持ち方を変える**ことが大切なのです。体の可動域は、姿勢を良くしたり、筋肉をつけたりすることで広げることができます。

精神的には、自分の望まないことが起きたとき、「ああ、嫌なことが起きてしまったな」というようにとらえると、どんどん自分の内にこもり、可動域が狭まっていく。反対に、「それならこうすればいい」というように合理的に解釈できたら、可動域が広がります。

例えば、体をロープでぐるぐる巻きにされて動けなくなったとしても、口が開いていたら言葉を発することはできますよね。

そういうときに「体を縛られた。もうダメだ」と思うと可動域が狭まって、何もできなくなる。一方で、「体は動かないけれど、頭は動かせるし口も開ける。あれもできる、これもできる」と考えられれば、可動域が広がって、ロープをほどく方法を思いついたりするんです。

自分で体と意識を変えて可動域を広げれば、霊のエネルギーを受け流すことができ、思うようにものごとが進まない、ということはなくなります。

それだけではありません。可動域が広がってエネルギーが大きくなると、神様を味方につけてどんどん望みを叶えていくこともできるようになるのです。

また、開運体質になりたかったら、今まで**取り憑いていた霊を取り除くことも大切。**

基本的に自分が明るく楽しい人間になれば、悲しみや恨みを持った霊は憑いていられなくなって外れます。

しかし生霊は相手の一方的な思いなので、意識や行動を変えても自分に向かってきます。それを受け続けていると、生霊のエネルギーがどんどん溜まり、影響を受けやすくなってしまうんです。

ちなみに、貧乏神などの神様はマインドの奥深くまで入り込んでいるため、取り憑かれた人が自分を変えようと思っても、なかなか変えさせてくれません。

しかし、それらは自分で祓《はら》うことが可能なので、安心してください。

今、私のところにはたくさんのお金の悩みが寄せられています。お金の不安を払拭して、必要なときに必要なお金を得て、ずっと豊かで幸せに暮らしたいというのは万人の願いではないでしょうか。

そこで本書では、金運を上げる方法にスポットライトを当てつつ、どうすればエネルギーを大きくして開運体質になれるのか説明し、さらに自分で除霊できる方法をご紹介していきます。

第1章では霊界と霊の仕組みや気をつけたいポイントについて解説し、第2章では、金運をどんどんアップさせる「宇宙銀行」から無限にお金をもらう方法、第3章では自分のエネルギーを大きくするためのマインドと行動の変え方を、そして第4章では、お金はもちろん、健康、仕事、はたまた恋愛など全方位に効く「セルフ除霊」の方法を初公開します。

プロ霊能力者である私が普段行っていることもたっぷり載せているので、ぜひ最後まで読んで実践してみてくださいね。

なお本書で度々ご紹介する「お金持ち」というのは、一時期たくさんお金を稼いでも、どんどん使ってすぐに失敗する人や、お金はあるけれど人間関係などほかのことがうまくいっていない人ではありません。

物質的にも精神的にも余裕があり、心が豊かで、人間関係などにも恵まれて、幸せな生活を送っているような人のことを指します。

霊体2000体に取り憑かれ除霊をマスター

私が除霊の方法を身に付け、マインドや体のあり方と霊の関係を学んだのも、自分自身が霊障を受けたことがきっかけでした。

私はもともと霊的な影響を受けやすい、いわゆる「霊媒体質」。普段から霊的な存在がいるのを感じ、意識的に見ようとすれば見ることもできていました。

しかも、非常に敏感で、**霊の持っている感情をどんどん吸い上げてしまう**んです。霊能力者の先生からは「霊の掃除機」と言われたこともあります。取り憑かれると運が悪くなったり、体調が悪くなったりということがよくありました。

生まれつき感受性が高かった私は、子どもの頃から見えない神様のような存在がいるのを身近に感じながら育ちました。

とくに5、6歳くらいの頃は意識がクリアで、表情からその人の思考が全部読み取れていました。周りの大人を見ていて、「この人は思っていることと言っていることが全然違うな」と思ったりしていたものです。

さらに10代の頃に普通より悩み多き日々を過ごしたのも、感受性を高めるきっかけになりました。商売をしていた両親が詐欺に遭って財産を失い、急に家が貧乏になって、学校で必要なものも「買ってほしい」と言えなくなったりしたのです。

またこの頃に両親が神道を熱心に学び出し、神道の基本的なことを教えてもらったのも、霊能の世界に目覚めるきっかけになりました。

20歳頃からはさまざまな仕事を経験し、とくに不動産業界で長く働いたのですが、そこでの業務にも自分の霊媒体質が大きく関係しました。不動産会社に持ちかけられる売り物件の中には、入るとなぜか変な臭いがしたり、湿気が多かったり、やたらとほこりっぽかったりと「この家は明らかに雰囲気がおかしい」と思う家があるんです。売主の中には、精神状態がとても弱っているように見受けられる方も少なくありません。

会社には年に1回ぐらいそういう物件を持ちかけられました。物件の担当者は5人以上の社員で順番に決めていたのに、なぜか私ばかりに当番が回ってくるんです。

私が家を見に行くとすぐに体がだるくなったり、頭痛がしたりします。しかも、体調を崩したり、ものが壊れたり、車で事故を起こしたりするなど嫌なことが続き、売れたらそのような現象がピタッとなくなる。

しかも売れるまで、なぜか自分が担当するほかの物件がまったく売れません。雰囲気がおかしい家はやはりお客さんも買いたがらないので、買い手がなかなか見つからず、その間の営業成績は悪くなる一方でした。

しかし最終的にはそういう物件を、また同じように精神状態が弱っているように見える方が好んで契約していきます。まるで**その場所の波長に引き寄せられる**かのようです。不動産売買には、**その土地や物件のエネルギーが大きく関係する**ということを、そのときに実感しました。

さらに、大人になってからの私は、さまざまなネガティブな感情や欲望が渦巻いている繁華街や飲み屋さんに行くと、すぐに霊に取り憑かれ、調子が悪くなったりすることもしょっちゅうでした。

ただそれも慣れてしまうと気にならなくなってしまいます。お風呂のお湯は、だんだん温度が冷めてきてもずっと浸かっていられますが、出ようとすると寒くて、そこで初めてすごくぬるくなっていたことに気づきますよね。それと同じ状態だったのです。

　霊に影響を受けるかどうかは体の状態に左右されると言いましたが、若い頃の私は体力があってエネルギーも十分あった。だから**霊に取り憑かれても小さなトラブルですみ、致命的な事態にはならなかった**のです。

　今考えるとやぶ蛇なのですが、30歳近くに独立した頃は、事故物件を扱ったりしていました。ところが、そのような暮らしを続けているうちに、40歳ぐらいのときに大変な目に遭います。


　あるとき、昼間でも辺りが真っ暗に感じ、それまで体験したことがないような強烈な寒気を感じたのです。最低気温が10度以上の暖かい秋の日だったのに、ダウンジャケットを着ても寒気は収まりません。体調も急激に悪くなり、あまりにも症状がひどくて、「これは強力な霊の仕業だ。このままいくと死ぬかもしれない」と命の危険を感じました。

　そこで霊能力者の先生に頼んで除霊してもらったのですが、先生も今までに体験したことがないような大変な作業だったようです。

1回で4時間ほどかかり、終わったら先生もふらふらしていました。**私に取り憑いていたのは2000体の霊**でした。その霊は、戦国時代に敵に敗れたり、君主に逆らって一族全員が惨殺されたりした者たちだったのです。

霊が取れるとパッと体の調子が良くなる人もいますが、あまりに体が弱っていると、除霊しても体が回復するまでに時間がかかります。私もそのときはダメージが大きすぎて、動けるようになるまで数日かかりました。この経験が一つのきっかけになり、除霊の方法を本格的に学び始めました。

霊能力者の先生から密教の作法や護身法、西洋レイキなどを教わり、除霊とヒーリングの手法を身に付けたのです。また、霊を引き寄せるかどうかは自分のマインドと体次第だとわかり、霊障を避けて開運体質になるためのあり方も学びました。

おかげで、それまでの人生では悩まされることばかりだった霊媒体質を、今度は人のために生かせるようになったのです。そこでプロの霊能力者として独立し、セッションや講座を開きながら、多くの人の役に立てるようにとYouTubeにも動画を上げるようになりました。今では霊の影響で困っているたくさんの人の力になりながら、自分自身も強運を引き寄せる日々を送っています。

除霊して人生が一転！ セッション受講者の生の声

セッションや講座を受けてくれた方々にどのようなことがあったか、例をここで紹介します。

・受講前……満員電車に乗ったり繁華街に出たりすると、疲れきってしまい、対人関係では人から軽んじて扱われることが多く、いつも損ばかりでした。
運を改善したくて、毎月いろいろなヒーリングやセッションをたくさん受けたのですが、思うような効果に結びつかず、さらに高額なセッションを求めてネットを検索する毎日。
・受講後……柳生さんの丹田《たんでん》トレーニングを知って、まずは地道に自分自身の基礎を作ることが大切だと気づきました。**丹田トレーニングを続けるようになって、人間関係が良い**

方向に変わってきました！

（T・Yさん　女性）

・受講前……人間関係、いじめ等、どうすれば良いか八方塞がりで、息をするのも辛かったです。
・受講後……いじめに関して自分の意見を言えるようになり、相手を許すこともできるようになりました。感じ方や考え方が変わり、以前はものすごく大きな山のように感じていた問題が今は小石のようにとらえられるように。
　以前苦手だった人とも普通に仕事できました。以前より**自分の時間を楽しみ、行動的になったのも大きな変化です。毎日何か良いことがあるかとワクワクできるようになりました、自分にとって悪意のある人（利用しようとする人）とも距離を置いて付き合えるようになりました。**

（K・Tさん　女性）

・受講前……ネガティブな感情のコントロールができず、暴飲暴食、不純異性交遊に走りその日暮らしのような生活をしていました。また、感情の起伏が激しい同じような女性とばかりお付き合いを繰り返していました。おまけに借金も……。
・受講後……**ネガティブな感情（とくに怒り）をコントロールできるようになり、浪費癖が改善されお金も150万円以上貯まりました。**そして、お金を貯めたり、倹約することが好きな彼女とも婚約でき、毎日リラックスした状態で過ごせています。

（I・Tさん　男性）

・受講前……セラピストとして独立して5年以上経過していますが、ネガティブな気を受けやすく体も疲れやすい状態でした。お金をもらう罪悪感もありました。
・受講後……ＹｏｕＴｕｂｅで柳生さんの動画を見ただけで、みるみる元気に。金運アップの動画も見たところ、お客様からのセッション依頼が増えたので、思い切って柳生さんの個人セッションを受けたところ、30万円の高額商品が初めて売れたのです。その後も臨時収入があり、仕事が今まで以上に入るようになり、昨年1年間の売上は一昨年前の2倍以上となりました。

（S・Hさん　男性）

宇宙銀行からオーダーした金額をもらえた成功者の声

さらにここでは、本書で紹介する「宇宙銀行にお願いしてお金を引き出す」という方法を実践してくださった方々の体験談をご紹介します。

・お願いしたもの……現金。
・結果……3か月後ぐらいに**300万円**をいただきました。

（H・Hさん　女性）

・お願いしたもの……50万円をオーダー。
・結果……宝くじで**60万円**当たりました。

（K・Tさん　女性）

・お願いしたもの……普段投資を行っていますが、その投資で少しでも利益が出ますように、とオーダーしました。
・結果……元本から3倍ほどになりました。柳生先生、神様と宇宙様に感謝です。

（N・Kさん　男性）

・お願いしたもの……ブラック企業を辞めて失業したため、金銭的に苦しく、生活費の足しになるように3回ほど5万円ずつオーダー。
・結果……1度目は10万円、2度目は8万円、3度目にまた10万円ほど銀行口座に振り込みがされていました。正直なぜ振り込まれているのかわからないときもあり、なんとも不思議な体験をしました。

（S・Mさん　女性）

・お願いしたもの……母子家庭だからと息子に今まで我慢させていた洋服を買ったり、両親へ何か恩返ししたりできるように、また借金の返済にも充てるため50万円お願いしました。

・結果……数回に分けて、職場からのボーナスや、コロナの影響で市から支援金が出たりと、オーダーした**50万円**が入ってきました。息子に服をプレゼントし、両親へ好きなものを買ってあげて、返済も何とか終わりました。本当にありがとうございます！

（T・Eさん　女性）

このような嬉しいご報告をまだまだたくさんいただいています。ＹｏｕＴｕｂｅの動画でもコメントが寄せられていますので、興味を持った方はぜひご覧になってみてください。

講座やセッションでは、除霊とともにマインドと体を改善して開運体質になる方法をお伝えしており、それを実践された方々はお金だけでなく、健康や恋愛、人間関係などあらゆる問題を改善させています。

その方法を本書でも、なるべくすべて網羅するように盛り込みました。みなさんも実践すればきっと豊かで幸せな人生が送れるはずです。ぜひ宇宙銀行からお金をいただきながら、除霊をして心身を強くし、全体運を上げていきましょう。

すごいセルフ除霊　目次

はじめに　とんでもなく運を良くするたった一つの方法

第1章　幸運も災厄も混在する「霊界」のメカニズム

第2章 「宇宙銀行」を味方につけて無限にお金をいただく

第3章 最強の運を呼び寄せる「マインド」と「行動」

第4章
「セルフ除霊」をマスターして思い通りの未来をつくる

装丁 bookwall　**編集協力** 橋本留美　**DTP** 石塚麻美　**編集** 杉山 悠
イラスト 岩本しょうこ（カバー）、スタジオ パペル（本文）　**校正** ぷれす

第1章

幸運も災厄も混在する「霊界」のメカニズム

善悪は関係なし! 生霊の攻撃は常に受けるものと心得る

まず、肉眼では見えない霊の世界がどうなっているのか、詳しく説明していきましょう。

「はじめに」でもお伝えしたように、「死霊」「生霊」といった霊が存在し、「神」といわれる存在がいる見えない世界を「霊界」といいます。

霊界にはスピリチュアルな意味での「宇宙」も含まれます。この場合の宇宙というのは、時間や空間、音や光がある物質界の宇宙ではありません。目に見えない霊界にある、**愛と豊かさで満ちた空間**のことです。

霊界の中には、「現世」と呼ばれる私たちが生きている世界があります。

つまり、私たちのいる現世は霊界の一部だということ。ただし、**現世は物理空間ですが、霊界全体は情報空間**です。現世には物質があり、時間があり、空間がありますが、霊界には物質はなく、時間もなく、空間もありません。

霊界にいる魂が現世で肉体を持って生まれることが「生」であり、**魂がお母さんのお腹の中の胎児に宿ること**です。

この魂の入れ物である肉体が、時間が経って病気になったり老化したり、あるいはケガをしたりして動かなくなると、魂が入っていられなくなってまた離れていく。それが、「死」。入れ物であった肉体は亡骸になります。

魂は肉体と離れると、また霊界に戻っていきます。それがいわゆる「成仏」です。さらに、戻った魂は再び生まれる準備をして、順番が来たら次のお母さんの中にまた宿る。この魂の循環を**「輪廻転生《りんねてんしょう》」**といいます。

しかし魂の中には、死後も霊界に戻らず、まだ現世に留まっているものがいます。これが**死霊**。

中でも、なかなか霊界に戻らずに現世に長く留まっているものを**「不成仏霊」**、あるいは**「未成仏霊」**ともいいます。そのうち**「地縛霊」**は土地にしがみついて一か所に留まっている霊、**「浮遊霊」**はあちこちふらふらしている霊のことを指します。

成仏できていないといっても、それが悪いというわけではありません。何か現世で見届けたいものがあるだけの霊もいますし、自分が死んだことに納得できていないだけの霊もいる。さまざまな事情があって現世に留まっているだけです。

生きている間は誰しもさまざまな思いや念を持ちますが、中でも他人が妬ましいとか、憎たらしいというような、ネガティブな思いのエネルギーがいわゆる「生霊」です。生霊は思いを向けた相手を攻撃し、思いが相手に弓矢のように刺さり、相手の行動を邪魔します。生霊が飛び交う場所に行くと霊障を受けてしまいます。

また、このような**生霊の攻撃を「サイキックアタック」**と呼びます。生霊の思いは一方的なので、実際に攻撃された人が何をしたかは関係なく、**攻撃するほうがどう思っているかによる**のです。

私が「こんな人の生霊が取り憑いている」と教えると「その人に何も悪いことしてないのに」と意外そうに反応する人がよくいますが、**逆恨みでも妬みでも、こちらが悪くなくても生霊は飛んでくるもの**と思ってください。

霊界には時間と空間の概念がないために、生霊であっても相手との距離は関係ありません。**遠くにいる人にも飛んできます。**

実際に面識がなくても関係ありません。例えば私のYouTubeを見て、「何だコイツ、面白くないのに視聴回数稼いで」と思う人がいたら、その思いが生霊となって私のところに飛んでくるのです。

人前に立つ人、目立つ人、知名度がある人ほど面識のない不特定多数に妬まれたり恨まれたりするので、うまくかわすことが大切です。

死霊や生霊に取り憑かれることを「**憑依**《ひょうい》」ともいい、それにより体の調子が悪くなったり、どこかに痛みが生じたりするのが「**霊障**」です。体だけでなくマインドも内向きになり、やる気が失せ、運気も下がって、いいことが起こらなくなってきます。

過去世が原因で生霊が飛んでくることもある

とある女性のクライアントが、「女の人から仲間外れにされる、意地悪をされるといったことがよくあり、昔からずっと女の人に嫌われるんです」と相談に来られました。

霊障が原因かと思い霊視してみたのですが、とくに憑依されている様子はありません。

そこでいろいろと原因を探っているうちに、**過去世の記憶**にたどり着きました。

その女性は、過去世では江戸時代に花魁《おいらん》をしていて、さらにさかのぼってみるとその前の人生でも何度か同じような仕事をしていたようでした。

本人も、過去世のことこそ覚えてはいないものの、何となく花魁だったことを自覚している様子でした。

その過去世で、彼女はお客さんやその奥さん、仕事仲間といった人たちの生霊や死霊の攻撃をたくさん受けていて、それが情報として魂に残っていたのです。

現世で会った周りの女の人たちが彼女に嫌な態度を取っていたのは、**無意識にその過去世の情報を感じ取って「この人は自分の旦那さんや恋人を取る敵」と感じていた**からだったのです。

そこで魂をよく見ていくと、ノートのようなものがあり、過去世の情報が書かれていました。私はその文字を消すようにイメージして、花魁のときの過去世の情報を消していきました。

するとそのセッションの後、その女性から、「全然嫌われなくなり、急にたくさんの女の人と仲良くできるようになりました！」と喜びの報告をいただいたのです。

このようなケースはレアではありますが、人間が輪廻転生を繰り返していて、**霊のエネルギーが時間や空間を超えてしまう**ことを考えると、とくに不思議なことではありません。

龍神、死神、貧乏神……良いご縁だけをいただく方法

霊界には死霊や生霊のほかに、**「神霊」**がいます。神霊は、神社や寺に祀られている魂(霊)です。その中には**「龍神」**もいます。龍神は水属性なので、川や滝、池、井戸、神社の中の手水舎《ちょうずや》など、水のあるところによくいます。エネルギーがとても大きく、**「自然霊」**とも呼ばれ天気を司ります。

ほかにも、取り憑いた人を貧乏にしてしまう**「貧乏神」**、世の中に疫病を流行らせる**「疫病神」**、人に死をもたらす**「死神」**など、人間から見ると一見厄介な神様もいます。霊や神様に良い・悪いはなく、それぞれ役割があってこの世に存在しています。

ですが、願いを叶えてくれる存在は味方につけたいし、道を阻む存在とは縁を持たないようにしたいもの。**厄介な存在を避けるのは難しくないので、自分次第で十分可能です。**

みだりに「意識」すると逆に霊とつながってしまう

霊とチャンネルを合わせるほど、霊からの影響を受けやすくなります。**どんなときにチャンネルが合うかといえば、霊を意識するとき。**良くも悪くも意識した瞬間、霊とチャンネルが合って、ラジオの周波数が合ったときには音が聞こえるように、現実に霊の影響が現れるのです。

霊を恐れる＝相手に関心があり、意識を向けているので霊とつながる状態になります。言い換えれば、**自分の意識の中で相手の重要度が高いかどうかが問題**なのです。

大好きな相手のことをずっと考えていたら、それは重要度が高いということ。でも嫌いだというのも、相手にそれだけ関心を持っているわけですから、重要度が高いということになります。

逆に、重要度が低いというのは、無関心、興味がない場合です。自分の意識をあまり相手に向けていない状態ともいえます。

満員電車で誰かと背中がぴったりくっついたら、最初は「狭いな、窮屈だな」と感じるかもしれません。でも「満員電車だからしょうがない」と諦めますよね。そうすると相手に関心がなくなっていきます。くっついていても相手に関心がなくなれば、たいていその存在自体が気にならなくなるはず。

ところが、その背中合わせの人の顔をパッと見たとき、あなたの嫌いな知り合いだったらどうでしょう?

「うわー嫌だ。早くこの車両から脱出したい!」と、その人のことがものすごく気になってしまいますよね。

このように、私たちは**重要度が高いものほどその影響を受けやすい**のです。

除霊と心身の鍛錬をセットで行うとさらに波動アップ

霊の影響を受けにくくするには、心身の可動域を広げてエネルギーを大きくすることが大切だとお話ししましたが、体の場合は、まず**姿勢を良くする**ことです。ほかにも自律神経を整える、筋肉をつけるといった方法でエネルギーが大きくなります。

とくに、**人間に厄介ごとをもたらす神様や霊が憑きやすいのは、姿勢が悪い人**です。いわゆる首が折れて背中が曲がり、頭が肩の前に行っている「スマホ首」のような姿勢です（次ページ参照）。なので、**一番大切なのは首と肩甲骨と背骨の位置**です。

姿勢が悪いと、呼吸が浅くなり、ネガティブな思考を招き、体も弱くなります。

ある女性のクライアントを霊視したとき、その人にものすごく恨みを持っている女性の死霊が憑いていました。

過去世でクライアントとその霊の女性が一人の男性を巡って争い、最終的に男性がクライアントのほうを選んだのが原因だったようです。

クライアントの女性は見るからに精気が感じられず、生きている感じがまったくしませんでした。姿勢や体の動かし方もかなり不自然です。

体調も悪いようで、心療内科にも通って、たくさんの薬を飲んでいたそうです。

人の縁に恵まれず孤独で、良いこともまったくない状態で、「死にたい」と嘆いていました。

強い霊が憑いている場合だと、そのように

なることも珍しくありません。この場合は、憑いていた霊の負のエネルギーがあまりにも強かったのです。

最初に除霊をしたところ、何日か後にどこか軽くなった感じがあったそうです。それから何となく動きたくなり、今まで家に閉じこもって動かないでいたので、1日1回散歩することにしたとのこと。2回目に来られたときは、前に比べてだいぶ良くなっていたものの、体の動かし方がやはり不自然でした。

そこで「まず姿勢から良くしていきましょう」と言い、頭が下ばかり向いていたのを上を向くようにし、上半身を真っすぐにして胸を開き、深く呼吸するようにアドバイスしました。さらに意識や行動をどう変えればいいかもお話ししたところ、それ以降彼女はどんどん調子が良くなって、普通の生活ができるようになったのです。

霊媒体質の人も訓練次第で霊からの影響をゼロに!

とくに霊に取り憑かれないように気をつけたいのが、「霊媒体質」の人です。

霊媒体質とは、「憑依体質」ともいい、霊的なものに敏感で影響を受けやすい人のこと。

霊を実際に見たり、霊の気配を感じたりすることのできる人もそうですが、霊のことがわからなくても、人より繊細な人、感受性が強い人は霊媒体質の可能性があります。

一般的に、内向的な人や、感覚が鋭い人、観察力が優れている人に多いようです。

次のようなことが当てはまる人は、霊媒体質かもしれません。

霊媒体質の方の傾向

◆空気を読むのが得意で、場の雰囲気を感じたり、話さなくても人の考えていることがよくわかったりする

◆他人の感情の影響を受けやすい。例えばイライラしている人の隣に行くと自分もイライラしてしまう。または頭痛がしたり、だるくなったりするなど、体調に異変がある

◆人混みの中に入ったとき、神社やお寺に行ったとき、テレビの心霊番組などを見たときに首や肩が重くなったり、体調が悪くなったりする

また、エステティシャンや整体師、ヒーラー、美容師などにも霊媒体質の方が少なくありません。なぜなら、このような職業に就くのはもともと感受性が強い人が多い上に、お客さんの状態を感じ取ろうとしてさらに強くなるからです。**感受性は、強める訓練をするとより強くなる**のです。

また、感受性は、年齢を重ねるほど強まっていきます。あなたは10代の頃より今のほうが、人の顔を見たときに「あれ、何だか表情が変わったな」とか「表情が曇ったな」などと感情を読み取れるようになったと思いませんか？

私たちは無意識に人の表情を読み取ろうと常日頃から訓練しています。年々その成果が表れてきますし、年を重ねるほどデータ量も増えるのです。

もともと感受性が強くて素質がある上、訓練を重ねて能力を高めた人は、イタコや霊媒師など霊的な職業に就くこともあります。

しかし、一般の人は感受性を強めるのがいいとは限りません。霊能力が高い＝除霊できる、ではないからです。

自分で除霊したり、霊のエネルギーを受けるスイッチを切ったりする方法を知らないと、どんどん憑依され、霊障を受けて大変なことになる可能性もあります。

自分で対処できないなら、霊的な世界にあまり意識を向けず影響を受けにくくしていくのも一つの手です。敏感な人はとくにそう。ときどき霊媒体質で「あそこには邪気が多いから近づかないほうがいい」「あそこは悪い霊がいるから危険だ」と、いつも霊のことを考えている人がいますが、あまり幸せそうには見えません。

だったら、あまり関わらないほうがうまくいくし、楽しく生きられるかもしれませんよね。

訓練で敏感にもなれるということは、**訓練をすれば敏感にならないようにもできる**ということ。生まれながらの霊的な能力はなくならないにしても、意識を変えて霊にチャンネルを合わせないようにしたり、可動域を広げてエネルギーを大きくしたりしていけば、霊のエネルギーを敏感に受けないようにすることが十分可能です。

スピリチュアルの探求は霊感を高める危険な行為

霊の影響を受けたくないなら、スピリチュアルなことはあまりやりすぎないほうがいいでしょう。スピリチュアルなことをしよう、関わろうとすることは、霊的に敏感になろう、感度を高めようとするのと同じことです。

人間には生まれたときから肉体に魂が宿っており、魂レベルでは霊のことは誰でもわかっているのですが、それを探求していなければ、霊界の扉は開いていない状態です。ところが、スピリチュアルを探求しようとして情報を収集したとたんに、その扉が開いてしまうのです。

扉が開くと、さらに探求する機会がどんどん増えてきて、それをやっていくごとに刃物を研ぐように感受性が研ぎ澄まされていく。そうなると必然的に霊的なものに敏感になります。

たまに神社にお参りに行くくらいなら問題はないのですが、休みのたびに神社やお寺といったパワースポット巡りをして、写経をして、お札《ふだ》を作って……というように修行のようなことをすると、どんどん奥へ奥へと進んでいきます。

修行して敏感になっても霊障を克服できるわけではないので、対処の仕方がわからないと大変なことになるかもしれません。そのうち本当に魂だけ霊界に行って(死んで)しまって、**戻ってこれなくなる危険性もある**のです。

しかも霊能力を磨くといっても、もともと才能があって長年訓練を重ねたイタコのような人たちと一般の人では、オリンピック選手と習い事でやる人くらいの大きな違いがあるもの。普通の方が大人になってからその道を究めることはかなり難しい、ということは念頭においたほうがいいでしょう。

霊は子どもや老人など
エネルギーが弱い人が大好物

霊に関して注意したいのが、自分の近くの人に霊障が出るパターン。本人に出るだけでなく、**家族などの同居している人に出ることがよくある**のです。

その理由の一つとして、エネルギーの大きさの問題があります。霊のエネルギーよりも取り憑こうとした本人のエネルギーが強ければ、**その近くにいるエネルギーが弱い人のほうに霊のエネルギーが向かう**のです。

エネルギーが弱いのは、子どもやお年寄りです。ペットも人間よりエネルギーが小さいため、家族の一員の場合は霊障を受けやすくなります。

影響が及ぶもう一つの要因として、一人が霊のダメージを受けた波動になれば、その影響を受けて、ほかの家族も**同じ波動になってしまう**ということがあります。

例えば旦那さんが仕事で疲れてイライラして帰ってきたら、奥さんや子どももつられてイライラしてしまう、なんてことがありますよね。霊障を受けて家族の一人がうまくいかなくなったときも同じで、それを感じた家族も暗くなったり、攻撃的になって仲が悪くなったりして、うまくいかなくなるのです。

これには物理的な距離が大きく関係します。近くにいれば顔を合わせることが多く、相手の重要度が高まって意識がつながりやすいため、影響を受けやすくなるんです。

職場であっても、例えば隣の席の人が憑依されて、壁に向かって一人でぶつぶつ言っていたりしたら、やはり無感心でいるのは難しく、影響を受けます。

逆に離れて暮らしている両親のように、いくら関係性が近くても**物理的に距離が離れていれば、影響は受けにくくなります。**霊の影響が近くの人に及ぶことがあるというのは、記憶に留めておくといいでしょう。そうすれば大切な家族に霊障が出ないように自分で心がけることもできますし、家族の様子がおかしいときでも、霊的な対処ができます。

また職場の人の態度がおかしいときも、なるべく別の場所に避難するとか、できることならリモートワークに切り替えるなど、知っていればこそ何らかの対応をすることもできます。実際にこうした対処によって、状況が改善する人も少なくありません。

人が多い場所は生霊が飛び交う危険スポットである

霊が多い場所に行くと、敏感な人ほど影響を受けやすくなります。霊障を避けたければ、**霊の多いところに必要以上に行かないこともポイント**です。

人間の思いである生霊も、たくさん飛び交っているところがあり、そういう場所に行くと、相手が直接自分を攻撃していなくても受けてしまいます。

とくに生霊が多いのは、**空気が淀んでいて、自己中心的な欲を持った人がたくさんいるところ。**人の往来の激しい大きな街で、ゴミが多かったり、汚れたりして不潔そうな場所や、イライラしたり急いだりしている人の多い場所などは要注意です。盛《さか》り場も、愚痴を言ったりしてストレス発散に来ているお客さんや、いかに自分が得するかばかり考えているようなお店の人が多いので、どうしても生霊が溜まりやすいといえます。

淀みがない場所は「清潔」で「人が少ない場所」

反対に生霊が少ないのは、エネルギーが淀まずに流れていくところです。そういうところに行くと私たちは「ここは気のいい場所だな」と感じるはず。

その一つが海のそば。また最近は郊外の山に登る人も増えていますが、山の上も気がいい場所です。広くて気が溜まらずに流れていく場所では、生霊も溜まりにくいのです。

またそういう場所には急いでイライラしている人はあまりいないので、生霊が生じにくいともいえます。都会であっても、広くて自然の多い公園や神社などは気が淀まないので、生霊は多くありません。

同じ駅の近くでも、気が淀んだ繁華街も自然いっぱいの公園もあったりしますから、何となく人混みで疲れたら気のいい場所に行ってみるのもいいでしょう。自然のものではない人工物でも気がいい場所はあります。基本的に掃除が行き届いて清潔なところは気も淀んでいません。

ほかにも天井を高くしたり、中に自然のものを取り入れたりした建物、庭に水が流れるように配置した空間など、気が淀まない工夫をしている場所は都会にも少なからずあります。

人がたくさんいるところに行くなら、人柄がいい人が多そうな場所を選ぶのもポイント。人柄がいい人はネガティブな思いが少ないので、必然的に生霊もいなくなります。「この街はいい人がたくさんいるな」と感じたら、その街には生霊も生じにくいのです。

飲み屋さんや盛り場に行くときも、**なるべくお客さんも店員さんも人柄が良さそうな場所を選ぶ**といいでしょう。

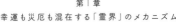

SNSはもっとも生霊が飛び交う淀みの場

生霊はインターネットを通しても飛んできます。インターネットは私たちの生活には欠かせないものですが、人との交流が多くなれば、それだけ生霊が飛び交う機会も増えるのです。霊界には時間も空間もないので、遠くにいても関係ありません。**いつでもどこでも意識が相手に向けば生霊は飛びます。**

メールや個人的なメッセージのやり取り、オンラインミーティングなどもそうなのですが、とくに気をつけたいのがSNS。SNSは、利用者が使えば使うほど、運営者側が利益を上げられますから、ずっと使ってもらうために利用者を中毒化させる仕組みになっているんです。

その中毒化の手段が、「私ってこんなに満たされてる。こんなこともできる。すごいでしょう」と人にアピールさせ、自己顕示欲を満足させること。だからSNSというのは、**自己顕示欲の塊**だとよくいわれるのです。

自己顕示欲は、SNSに自慢になるような投稿をして、他人に評価してもらい、人と比較して自分を確認することで満たされます。そして徐々にそうすることでしか自分が幸せで満たされているのを確認できなくなってくるのです。

仮に新車の写真を上げて「がんばって車を買った」とコメントして、それでたくさんの人に「いいね！」を押してもらえば、「俺、こんな車乗れてる」と自己顕示欲は満たされるかもしれません。けれども、見た人は「いいね！」を押しながらも、本心では妬み、羨み、やっかみを持ったり、自分のほうが上だと確認したりしています。

「何だコイツ、高い車買って」とか「どうせモテなくてお金の使い道がないんだろ」とか「俺ならがんばらなくてももっといい車が買えるのに」などと思ったりしているわけです。

その思いは、頭に浮かんだ瞬間に相手のほうに飛んでいく。それが**ネガティブな思いであれば生霊となって相手を攻撃**します。SNSをやるのは悪いことではありませんが、そういうものだと知ったうえで、うまく付き合うことが大切です。

「満たされない思い」が他人への依存を生む

SNSとうまく付き合えるかどうかは、今まで育ってきた環境で培われた価値観とも関係しています。

例えば「SNSで他人に褒められるよりも、家族と仲良くできたほうが価値がある」と思っている人なら、SNSに費やす時間をもっと家族のために使うでしょう。

とくにSNSに投稿して自己顕示欲を満たそうとする人は、もともと自己重要感が低く、人生に満足できずに欠乏感のようなものを抱えていることが多い。**自分の人生に満足している人は、わざわざSNSで「満たされています」と言ったりしない**のです。

自己重要感が低い人は、自慢したり見せびらかしたりして「いいね！」をもらって他人から評価されることで、欠乏を満たそうとします。けれどしばらくしたらまた低くなるので、もっと評価されようとがんばるしかないのです。

たくさん稼いでももっと稼ぎたいと思ったり、欲しいものを手に入れてもまた違うものが欲しくなったりするのも、**満たされない心を埋める代償行為**だったりします。

本当のお金持ちは、心も満たされて充実している人が多いので、ＳＮＳで「船を持っています」とか「高級車に乗っています」とアピールしたりしませんし、必要以上にものを欲しがったりしません。

ＳＮＳをするとしても、お金持ちはプライベートをあまり開示せず、お金のない演出をします。お金があるとわかると、人から「お金貸して」「寄付して」と寄ってこられたり、税務署から疑いを持たれたりするかもしれない。子どもの写真でも投稿しようものなら、誘拐されるかもしれない。彼らにとって**ＳＮＳはデメリットのほうが大きい**のです。

逆にそこまでお金を持っていない人のほうが、ＳＮＳでお金持ちを演出します。自己顕示欲を満たすということもありますが、例えば外資系のビジネスパーソンなど、高いスーツを着て高級な時計をして、自分がいかに能力があるかをアピールしないと、いい仕事が取れないからです。それを本当のお金持ちだと思って真似してアピールしないほうが良いでしょう。

悪意を飛ばせばブーメランのように返ってくる

生霊の存在や仕組みを知ると、自分が気に入らない人に対して、「生霊を飛ばしてあいつをひどい目に遭わせてやろうかな」と思う人がいるかもしれません。でも、その考えは大変危険。なぜなら、**ブーメランのように自分に返ってくる**からです。

人を恨んだり憎んだりすると、自分にも同じだけその思いが返ってきて、生霊となって刺さってくるのです。それで**自分も同じだけダメージを受けます。**

他人への誹謗中傷をインターネットに書き込んで、そのときはすっきりする人もいるかもしれませんが、その思いは自分にも同じように返ってくると思ってください。

ということは、**人への恨みが大きければ大きいほど、自分へのダメージも大きくなり、運を下げてしまう**ことにもなるのです。

「はじめに」で、ヒーリングは生霊と同じく人の思いであり、方向性が違うだけで基本的には同じだという話をしましたが、ヒーリングのエネルギーもやはり人に送れば、出したのと同じぶんが返ってきます。

つまりそれは、呪いや恨みではなく、**人に愛や感謝の念で接していたら、自分にも愛と感謝の念が返ってくる**ということです。

もしあなたが、なるべく愛と豊かさのエネルギーで人に接することができたら、あなた自身の人生もきっと幸せなものになっていきます。

自分自身の体も同時に傷つく他人への「悪意」

実際に体調が悪かったり、嫌なことが続いたりして私のところに相談に来られた方を霊視すると、自分の生霊で自分を傷つけていた、というケースも珍しくありません。

あるとき「体が痛くて病院に行ったけれど、原因がはっきりしなくて、全然治らない」と私のところに相談に来られた女性がいました。その女性は「過去、夫にひどい目に遭わされて離婚した。その夫が私を恨んでいて、生霊になって私を呪っている、だから私は病んでしまったんだ」と言うのです。

しかし、私が霊視してみると、その元夫の生霊のエネルギーは感じません。除霊をしても何となくすっきりしない。おかしいと思ってその女性に「もしかして、今でも元の旦那さんのことを怒っていませんか？」と聞いたら、やはりその通りでした。

その女性自身の元夫への恨みや怒りが大きくて、それが生霊となって自分を痛めつけていたのです。そう告げると、彼女は大変驚いていました。

自分で生霊を飛ばしてそれがすべて自分に返ってきているのなら、まずはその自分の思いを何とかしなければ、状況は良くなりません。それには**まず「許す」ことが大事**です。生霊は人の思いなので、誰かに対して「嫌いだ」とか「腹が立つ」などと思えば、もうそのときに相手に飛んでしまう。

けれども、**「もういいや、許そう」と思ったとたんに、その生霊を消滅させることができる**のです。当然自分を痛めつけていた生霊も消滅します。

そこで私は彼女に、「問題を解決するなら、まずは元の旦那さんを許すことですよ」と言いました。それでもなかなか彼女は元夫のことを許せないでいたのですが、セッションでワークを続けていくうちに、やっと相手を許す気持ちになり、最終的に「私〇〇は元夫〇〇のことを許します」と口に出して言えたのです。

すると翌日メールが来て、「すごくよく眠れて、体がとても楽になり、痛みが消えてしまいました！」と書かれていました。

自分を許せない人ほど、他人も許すことができません。

無意識に過去の自分がしたことを責め、自分を認められず、自分にOKを出せずに、他人にも同じようにします。

生霊が自分にも返ってくるのは、他人を責めていること＝自分を責めることだからです。

自分のことを許せば、他人を責めることもなくなり、自分に返ってこなくなります。

逆もまたしかりで、**他人を許すことは、結果的に自分を許す**ということ。

自分を許すことで、過去の自分に対するとらえ方を変えることができます。それにより過去の出来事も自分にとって良いほうに変えられるのです。

その貧しさは好意!? 悪意のない貧乏神の特性

霊障でいえば、貧乏神に取り憑かれた場合もかなり厄介なことになります。

お金のことで悩まされるのはもちろん、人間関係も悪くなりますし、不用意にトラブルに巻き込まれるなど、とにかくついていないことが増えます。そして何事にも邪魔が入って、失敗が続き、なかなかものごとがうまく進まなくなります。

とくにお金に関しては、やはり貧乏にご縁ができ、1番のアンラッキーを引き寄せるようになります。

例えば、お金が儲かると思ってやったことが裏目に出て、逆にお金を払わないといけなくなる。入ったお金が、思わぬ事故に遭ったり、ケガをしたりするといったトラブルですぐに出ていく。騙されてお金を取られてしまうなど、**とにかくお金が出ていくし、貯まら**

ない方向に向かうんです。

また、賭け事にはまって大金をすったり、よくわからないことにたくさんお金を使ったり、不要なものを買ったりして、やたらとお金を浪費しやすくなります。

お金に関して変わったことも起きやすくなります。券売機で切符を買おうとしたら、お札を投入したのにお札が認識されないような、**珍しいことが連続して起きる**。そのようなことが続いたら、貧乏神が取り憑いているかもしれません。

とくに**その人の心身が弱っているときは、いたずらをされやすい**。急いだり焦ったりしているときもそうで、お財布や貴重品を落としたりといったトラブルに遭うような機会が増えるのです。

貧乏神は出会い頭に取り憑いてきます。貧乏神が憑いている人と出会ったときに、パッと自分のほうに乗り換えてくる、というようなことが多く、予兆はありません。

昔話に、貧乏神様を大切にしたら福の神に変わった、というような話がありますが、そういうことはまったくありません。**何をしても貧乏になるし、何もかもうまくいかなくな**

るし、運が落ちていく一方です。

といっても、貧乏神は「この人を不幸にしてやろう」と思っているわけではなく、「貧乏」であることがライフスタイルなのです。祟ろうとかひどい目に遭わせようというつもりはなく、ただ貧しいのが好きなだけ。

貧乏になる素質のある人を見つけると、「この人は自分と同じライフスタイルだな。貧乏になる素質もあるし……じゃあもっと貧乏にしてあげよう」と好意でその人に取り憑き、貧しくしてあげようとするのです。

貧乏神は人の無意識領域まで入り込む恐ろしい存在

貧乏神は、人間の意識の奥深くまで入り込みます。パソコンに貧乏神のOSがインストールされてしまうようなものです。

人がどのように世界を見ているかはそれぞれ違っていて、私はそれを「世界観」と呼んでいるのですが、貧乏神が入り込むと、その世界観が「私はお金がないのが当たり前」というものになってきます。そして自分の意思とは関係なく、思考が貧乏マインドになっていき、言うこともやることもすべて貧乏人のものになって、貧乏との縁を引き寄せようとします。

意識の上では「貧乏から抜け出したい」と思っていても、無意識には「貧乏になりたい」とインプットされてしまうので、貧乏マインドや言動を止めることは至難の業です。

脅かすわけではありませんが、**無意識にインストールされてしまった貧乏神を自分自身の力で祓うのはほぼ不可能**です。貧乏神自身がまた出会い頭に他の人に乗り換えようとして出ていってくれるのを待つか、あるいは専門家にお祓いをしてもらうしかありません。お祓いをしようにも、貧乏神は自分が祓われたくないので、取り憑いている人をなかなかそういう場に行かせないように仕向けるのです。

注意したいのは、貧乏神が取り憑くのは、収入が少ない人ばかりではないということ。金銭的に貧乏で心も貧乏になっているパターンだけでなく、金銭的には裕福だけれど心が貧乏、というパターンがあります。

たくさんお金を稼いでも、浪費しすぎて会社を破産させてしまう社長さん、借金が膨れ上がってしまう有名人などがいますが、そういう人にも好んで取り憑きます。収入にかかわらず、**貧乏神が取り憑くと、どれだけ稼いでも、出ていくほうが多くなってしまうんです。しかも貧乏神が取り憑くと、金銭だけでなく、心も貧しくなります。**だから心がいつも満たされず、どれだけお金を稼いでも、もっとお金が欲しい、もっと物が欲しい、と際限なく欲しがる。そして心を満たすためにたくさん買い物したり、人に配りまくったりして、お金を失っていくのです。

憑かれない体質に変わる、貧乏神に効く「習慣」

貧乏神は好き嫌いがはっきりしていて、人の特徴や生活習慣によって取り憑かれやすさが違います。

取り憑かれたくなければ、**普段から貧乏神が嫌う人になっておくことが大切**です。72ページに貧乏神が寄ってこない習慣をまとめてみましたので、できるところから実践していってください。

中でも貧乏神が憑いている人・憑きそうな人は目つきも態度も攻撃的。そして姿勢はもれなく悪く、スマホ首。見る人が見ればすぐにわかります。「貧乏神に好かれる人」に当てはまることが多いほど、憑かれやすくなるので要注意です。日頃の言動やマインドを変えて予防しておきましょう。

《貧乏神に好かれる人》	《貧乏神に嫌われる人》
不潔	清潔
後ろ向き	前向き
不健康	健康
姿勢が悪い	姿勢が良い
汚い言葉を使う	きれいな言葉を使う
過去にこだわる	今を大事にする
原因を探すのが好き	うまくいく方法を探す
他人と比べる	他人と比べない
心配が好き	心配しない
行き当たりばったり	先を見て準備する
攻撃的	温厚
時間を大切にしない	時間を大切にする

① 清潔感を保つ

何といっても、貧乏神は小汚くしている人が大好き。逆に大嫌いなのは清潔感のある人です。清潔にしている人のところには貧乏神は居づらくて「何だか合わないな」と思うので、寄ってきにくくなります。

例えば、安い服や古い服であっても、ちゃんと洗濯して、手入れしてきれいに着ているなら、貧乏神には好かれません。反対に、何日も洗濯しないで、穴もあいたままのような、ボロボロで不潔感の漂う服を着ていると、貧乏神が寄ってきやすくなるでしょう。

身なりでいえば、とくに**靴の清潔感は重要**です。きれい好きはきちんと靴を整えていますし、逆にだらしない人は、上のほうをきれいにしていても、靴まではちゃんとしない傾向にあります。

靴の清潔感とお金とは大きな関わりがあります。よく「他人にお金を貸すときには靴を見ろ」といわれ、靴がその人の経済観念を知るバロメーターになるほど。初対面でも足元がきちんとしていたら、銀行などでお金を融資する側も「ちゃんとしている人だな。大丈夫だな」と判断したりしています。だからこそ、「足元を見る」という言葉があるように、貧乏神も足元を見て、汚い人に取り憑こうとするわけです。

持ちものもそうで、車でも、古くてもきれいにして大事に乗っていたらいいのですが、新しいのに全然洗わなかったり、どこかにぶつけて車体がぼこぼこになっても修理せず放置したりしていると貧乏神に好かれます。

家の中を汚くしている人も要注意です。ゴミ屋敷や汚部屋には貧乏神が寄ってきやすくなります。家屋の古さや安い造りかどうかは関係ありません。きちんと掃除が行き届いて清潔にしていたら、貧乏神は寄ってきにくくなります。

②ポジティブになる

霊も同じですが、貧乏神もやはり恨みつらみのようなネガティブなことをよく言っている人が大好きです。とくにお金持ちを妬んでばかりいる人は危険です。妬むというのは、「その人に比べて自分はうまくいっていない」という世界観があるということ。つまり「自分は貧乏だ」という世界観があるからお金持ちを妬むわけです。

自分をお金持ちだと思っている人は、お金持ちになった人を見ても「良かったね」で終わりで、妬むことはありません。お金持ちを妬む人は、すでに貧乏神と同じマインドになっているると思っていいでしょう。もう貧乏神が憑いているのかもしれませんし、今は憑いていなくてもすぐに引き寄せられてくるかもしれません。

③他人に優しく、穏やかな気持ちで接する

攻撃的な人は、貧乏神が憑きやすいです。しかも憑かれると、いつもうまくいかなくなって、不安と恐怖が大きくなり、過剰に防衛しようとして、視野も狭くなり周りを見る余裕もなくなります。そしてさらに怒ったりイライラしたりしやすくなります。

実際に、お金持ちで人を攻撃するような人は稀《まれ》です。「金持ち喧嘩せず」という言葉もあるように、トラブルを起こすようなことは極力避けようとします。また「自分はうまくいく」と思っている人ほど心に余裕があり、だからこそお金も引き寄せられているともいえるのです。

貧乏神はエネルギーが大きい「強い意志」のある人を嫌う

これらのことに気をつけて、日頃から貧乏神に好かれないような習慣を身に付ければ、取り憑かれることを避けられます。

また、すでに取り憑いていたとしても、マインドや言動を変えていけば、貧乏神が自ら出ていくこともあります。ゴミ屋敷にいた人が部屋をちゃんと片づけたり、不潔だった人が身なりを整えたりしたら、貧乏神も居づらくなってほかのところに行ってしまうでしょう。

ただし貧乏神の力は強烈で、**意識の相当深いところまで入り込んでマインドや習慣を支配しているの**で、行動を変えようとすると阻止します。

きれいにしようとしても、「どこから手を付けていいかわからない」「面倒だ」「やっぱり今度にしよう」「お金がないから必要なものが買えない」というような考えが出てきて、やる気がなくなり、結局やらなくなってしまう、ということがよくあるのです。

ですからどんなに面倒臭くなっても、**一度決めたら必ず実行してください。**部屋にたくさんゴミがあってどこから手を付けていいかわからなくなっても、まずは1個でも2個でも捨てるところから始めるのです。

もし貧乏神が憑いていたら、**「絶対にこの状況から抜けてやる」という強い意志で習慣を変えなければいけません。**

詳しくは後述しますが、大体の人は、「もっと良くなりたい」より「これだけは避けたい」という気持ちのほうが強いために、「もうこんな状況はどうしても嫌だ。一生したくない」という切迫した気持ちが行動の動機になりやすいのです。

「よし、やるぞ」程度の思いでは「抜けられたらいいな」ぐらいの感覚になりがちで、なかなか変えることが難しいかもしれません。

「貧乏マインド」は言動を変えれば一瞬で消える

誰かにお祓いをしてもらおうとしても、貧乏神は抵抗するので、なかなかうまくいきません。実際街を歩いたりすると貧乏神が憑いている人はたくさん見かけるのですが、私のセッションに貧乏神が憑いている人が来ることは稀です。

ただ、以前お金の苦労が絶えないというある女性が相談に来られ、セッションをしたら貧乏神が憑いていたことがありました。話を聞くと、彼女は周囲に対して、「うちの旦那は稼ぎが少ない」と愚痴を言うなど、**自分の中にそういう世界観を作り上げ、無意識に実現しようとしていた**のです。

霊障が家族など近い人にも影響を与えるという話をしましたが、それは貧乏神の場合も同じです。旦那さんも、奥さんの影響を受けて稼げない状況になっていました。

確かに最初は旦那さんのお給料がほかの人より安かったかもしれません。けれど、それをずっと言い続けることにより、彼女は自ら稼げない状況を作り続けていたのです。

セッションでは、まず貧乏神を祓い、マインドや行動の変え方をアドバイスしました。その後、その女性は旦那さんにお金のことで愚痴を言うのはやめて、自分の仕事の仕方や時間の使い方を見直し、無理をするのをやめました。それまで彼女は大変な仕事を無理してやって、うっぷんが溜まっていたために、お金を使うことでストレスを発散していたのです。

すると、夫婦の収入自体は変わらなくても、変なお金の使い方をしなくなってお金だけでなく、時間にも余裕ができ、体も楽になって、心の面でもとても豊かになったそうです。その余裕ができたお金と時間で、新しいスキルを身に付けるために勉強を始め、それが修了したらもっと収入も増えそう、とのことでした。

彼女がうまくいったのは、私が貧乏神を祓った後にちゃんと自分でマインドと言動を見直し、変えていったからです。

反対に、貧乏神や霊がいなくなったとしても、その人の意識や行動が変わらなかったら、現実が何も変化しないこともありますし、いったん好転しても元の木阿弥です。

憑かれた人がいたら物理的に距離を取るべし

もし会社の同僚など、自分の近くの人に貧乏神が憑いていた場合は、なるべく影響を受けないように対策を取ったほうがいいでしょう。それにはまず、貧乏神に気づくことが第一です。貧乏神が憑いていそうな人には、極力近づかないことがベスト。やむを得ず近くにいないといけない場合は、意識を合わせないようにしましょう。霊の場合と同じで、自分の中で重要度を上げないことが大事なポイントです。

結論としては、家族や友人に憑いていたとき、相手が大人であれば、それはその人自身が乗り越えないといけない問題だと思ってください。

結局のところ、その状態も本人が自分で学ぶために引き寄せているということ。だから**その人自身が解決するしかない**のです。

第2章

「宇宙銀行」を味方につけて無限にお金をいただく

愛もお金も健康も宇宙銀行に叶えられない願いはない

私たちが上手にお願いすれば、愛と豊かさに満ちた「宇宙銀行」はその願いを叶えてくれます。霊的には神様や仏様にお願いするのも同じ意味合いになります。

宇宙銀行とは目に見えない存在で、物質的なお金も存在しません。けれども、そこにはあらゆるものの情報がエネルギーとして存在しています。

当然ながら、お金という情報のエネルギーも存在している。しかもそこには時間や空間の制限がありませんから、お金のエネルギーは無限にあります。

距離も関係ないので、実は現世の人間のすぐ傍らにも、お金のエネルギーが満ちているのです。

ただ、それは情報という現実的な形がないものですから、そのまま現世で使うことができません。この世界で使うためには、いったん物質にすることが必要。ということは、物質としてのお金が欲しいなら、その情報を現金化する方法を知ればいいんです。

私たちのすぐ近くには、必要なときは誰でも、いつでも、どこでも際限なくお金を引き出せる、見えない銀行のATMがある。でもそれがATMだということを知らず、現金を引き出す方法を知らないと、いつまで経ってもお金が使えない、というようなもの。お金に困る人は、**ただその引き出し方を知らないだけ**なんです。

宇宙銀行は、本来、私たち人間のことを、愛で見守っています。そして、必要なものを無条件に与えてくれるのです。しかも宇宙銀行にある情報量は増え、情報空間は拡大し続けています。

ということは、そこにある愛と豊かさも増え、お金やものに関する情報データも増えているということ。そのぶん、望んだものが手に入りやすくなっているのです。

お金に困っていなくて、孫のことが可愛くてしょうがないおじいちゃん、おばあちゃんをイメージすればわかりやすいでしょう。祖父母にとって、孫が喜ぶ顔を見るのが一番の喜び。孫が喜ぶなら、何でも買ってあげたいと思うものですよね。

宇宙銀行も、私たちが何か欲しいと思ったら、その願いを叶えたい。私たちが喜ぶ顔が見たいと思っているんです。ですから、**遠慮なく欲しいものをお願いしていい。**銀行にしてもATMにしても、引き出すためには意思表示をしないとお金は勝手には出てきませんよね。それと同じで、**宇宙銀行のお金を引き出すためにすることは、オーダーすればいいんです。**

そして希望したお金をもらったら、喜んで受け取ること。お願いして差し出されたものなのに、遠慮したり外聞を気にしたりして素直に受け取らないほうが失礼です。

おじいちゃん、おばあちゃんも、せっかくあげたものを孫が受け取ってくれなかったり、喜んでくれなかったりしたら、きっとがっかりするでしょう。

ある人が、住宅購入資金として数千万円を宇宙銀行にオーダーしたら、すぐに親戚から援助すると言われました。けれどもその人は「親戚からもらったら、後々まで何かうるさく口出しされそうだ」と援助を断ってしまったというのです。その人は、それからなかなかお金が貯まらなかったそうです。

差し出されたものを受け取り拒否してしまうと、次のチャンスはいつ来るかわかりません。自分が望んだ形でなくても、オーダーしたら**ちゃんと受け取ることが肝要です。**

オーダーするときは「SMART」で成功率アップ！

宇宙銀行にオーダーするときには、**なるべく具体的に、明確にお願いすることが大切**です。おじいちゃん、おばあちゃんに何か買ってほしいときに、ただ「おもちゃが欲しい」と言っただけでは、何のおもちゃが欲しいかわかりませんよね。バービー人形が欲しくても、レゴブロックを買ってくれるかもしれません。それと同じことです。

何かを計画するときには、〝SMART〟を意識すると良いとよくいわれます。〝SMART〟とは、Specific（具体的）、Measurable（計測可能）、Achievable（達成可能）、Relevant（関連がある）、Time-bound（期限がある）の略のこと。宇宙銀行に頼むときにも、それをはっきりさせておくといいでしょう。

とくに大事なポイントは次の通りです。

① Specific（具体的）

具体的でわかりやすく、お願いに対して議論の余地がないようにしておくという意味です。なるべく5W2Hを意識しましょう。5W2Hとは、What（何を）、When（いつ）、Why（なぜ）、Where（どこで）、Who（誰が）、How（どうやって）にHow much（いくらで）を加えたものです。

例えば「東京にある住宅を購入するために2年後までに3000万円が欲しい」「年末の資金繰りに使う10万円が自分用に欲しい」というように、「誰が何のために、何を（お金を）、いつまでに、どこで、どんな形で、いくら欲しいか」をはっきりさせます。

そのお金をもらったら何に使うか、ビジョンが明確だと議論の余地はありませんよね。逆に、具体的な用途が明確でないのに「とにかく1000万円欲しい」というように願ってもオーダーとしては弱くなってしまいます。

また、**自分のキャパシティを超えた金額にしない**のもポイント。ときどき「50億円欲しい」などというように高額をお願いする人がいますが、本当にそれを自分が管理しきれるのか、現実的に考えたほうがいいでしょう。

なお、金額はちゃんと通貨の単位を入れましょう。「500万欲しい」とお願いして、それがウォンやルピアやドンだったら少なくなってしまうし、米ドルやユーロでも換金が大変です。

②Measurable（計測可能）

計測可能、数字化するという意味です。「今年100万円が欲しい」と頼んで50万円をもらったら、達成率は50%だとわかりますよね。そのように**具体的な数字で測れる**ようにしておきましょう。

③Achievable（達成可能）

達成できる、同意している、という意味です。例えば普通のサラリーマンが「今年中に5億円欲しい」と思っても、心のどこかで「どうせ無理だろうな」と思ってしまう可能性がありますよね。

あるいは「お金が欲しい」と言いつつ、無意識のうちに「お金は汚いものだ。本当は手に入れたくない」とか、「私にはもらう価値がない」というようなネガティブな世界観やセルフイメージが入っていたら、もらうことに同意できないことになります。まずは自分自身を見直してみましょう。

また、宇宙銀行にオーダーするとき、どんな形でもらいたいかを願うことは大切ですが、お金の入り方がそれとは違う場合もあります。それでも「もらう」と決めるのが同意です。先ほどの親戚からのお金を断った例のように、「○○からもらうお金は嫌だ」とお金の入り方を限定していたら、同意していないことになります。

④ Relevant（関連がある）

お金を手に入れることが自分にどう関係してくるか、という意味です。「お金が欲しい」といっても、本当に欲しいものは、お金ではなくて、そのお金を使ったときに得られる感情や体験ですよね。**お金は目的ではなくて、何らかの望みを叶えるための手段のはず**です。

「起業資金に充てて会社を設立する」とか「マイホームの頭金に充てて家族みんなでのびのび暮らす」など、お金が入ったらどんな経験ができるか、どういう気持ちになるか、どう変わるか想像してみてください。

⑤ Time-bound（期限がある）

期限が明確にあるという意味です。お金が欲しいのが今月中なのか、今年中なのか、5年以内なのか、**「いつまでに」という期限を明確化することがポイント**になってきます。

なぜなら期限が決まっていないと、叶ったかどうかすらわからないからです。

リアルな想像で本音に気づいたら、変更もOK

お金を手に入れたときのことをイメージする際は、なるべくリアルに、五感を全部使って叶ったときの状態を想像することが大事です。

その五感を使って無意識に刻み込んだ強いエネルギーが、宇宙銀行に伝わります。これでオーダーが入ったことになります。

またオーダーするときは、口に出してみましょう。人は言葉の音の響きに大きく影響されるもの。言葉には神が宿っているといわれており、口に出したほうが叶いやすくなります。

もし失恋したとしても、「ああ、もう私は誰にも愛されない」と言えば愛されず、「きっともっといい相手と付き合うチャンスだ」と言えばもっといい相手がやってくるというように、自分が口に出したことがそのまま結果になるのです。

自分にとって良いことを言えば良いことが実現し、悪いことを言ったら悪いことが実現するのですから、良いことはなるべく口に出したほうがいいですよね。

また、とくに大事なのが、**望みを叶えた後の未来のイメージ**です。

お金を手に入れることはゴールではなく、望みを叶えるための通過地点のはず。その後の生活がどうなっているかまでちゃんとイメージしておくと、自分の本当の望みというのも、より明確になってきます。

例えば「こんな感じの家に住みたいから、3000万円欲しい」と願った場合に、家族みんなでその家に住み、リビングに集まって楽しく過ごすイメージをしてみたとしましょう。

それにより、本当に欲しかったのは一家で仲良く過ごすことだった、一番大切なのは家族だった、とわかることもあるでしょう。

ここで「オーダーが違う」と気づくこともあります。「家を買うよりもまず旅行に行って家族のつながりを深めたい。だったらそんなにいらないな」とか、「2000万円あれば十分だ」とか、「バリアフリーの2世帯住宅を建てたいから、やっぱり5000万円必要だな」というように、金額が変わることもあるのです。

そのようにして、本当に自分が求めているものが見えてきたら、オーダーを変更しましょう。**一度出したオーダーを、キャンセルすることもできます。**

一つのオーダーが叶う前でも、追加したかったらさらにオーダーをすることも可能です。

疑う心を持つと願いはとたんに叶いにくくなる

宇宙にオーダーするときに大事なのは、**「こうなりたい」という真っすぐな気持ち**です。宇宙は自分がオーダーしたものをそのまま返してくるので、真っすぐな気持ちでお願いすれば、真っすぐに返ってきます。

「宇宙銀行がきっと願いを叶えてくれるはず」と思えば、本当に叶えてくれます。「頼んでもそう簡単にはうまくいかないだろうな」と思っていたら、そのまま簡単にうまくいかないようにしてくれます。**半信半疑でいたら、やはり確率は半分。叶うこともあれば、叶わないこともあります。**

だからこそ、信じきることが大切。リアルに想像して、具体的にお願いをしたら、あとは宇宙銀行を信頼してお任せします。そして今、自分ができる目の前のことを精一杯やりましょう。

自分でできることは実行しつつも、結果には執着せず、自分にはどうにもできないことは心配しないのが鉄則です。できればオーダーしたことも忘れるぐらいでかまいません。

お任せしたことを自分がコントロールしようと口出ししたら、うまくいくものもうまくいかなくなります。

お願いした後で「まだ？」「もうもらえる？」といちいち聞いていたら、いくら優しいおじいちゃん、おばあちゃんでも「うるさいな」と思うかもしれませんよね。

それに、お願いしたことを確認してまだ叶っていなかったら、そのたびに「叶わない」という現実が無意識にインプットされてしまいます。

行動を起こさない限り現金化は実現しない

宇宙銀行にオーダーしたとしても、自分が行動しないと、叶いません。「困ったときの神頼み」と言いますが、これは「自分でどうにもできないことを神様に頼みましょう」という意味。つまり、自分でできることをすべてやって、あとは神様に委ねるということです。

例えば、受験生だったら菅原道真《すがわらのみちざね》を祀っている天満宮に行って「合格させてください」と頼みますよね。それは、「自分がちゃんと勉強するので、その勉強の成果を出せて、試験がうまくいきますように」と願うということ。

何もしないで目の前にお金がボンッと湧いてくることはありません。正確には、霊界ではオーダーした時点で願ったことはそのまま即叶っています。

ただし、それを現世で物質に変えなければいけない。それには現世にいる自分が行動をするしかないのです。

願ってすぐ叶うとは限らず、タイムラグがあるときもありますが、それは現実化に時間がかかるからです。タイムラグは、自分のほうで現実化の準備をしていればより短くなります。

勉強しないよりはしたほうが早く試験に受かりやすい。芸能人になりたいのならば、ボイストレーニングやダンスのレッスンを受けるなどして何かの芸を磨いておけば、オーディションに合格したらすぐにデビューしやすい。それと同じ仕組みです。

言い換えれば、霊界から現世への通り道を自分で作っておくということが大事なのです。お金だったら、現金化の手段を作ること。

例えば、アルバイトする、フリマアプリで何かを売る、投資をする、ＹｏｕＴｕｂｅを始めてみる、宝くじを買っておくなど、いろいろな手段がありますよね。手段が多ければお金は入ってきやすいので、早く現金化したかったら手段をたくさん作っておくというのも一つの手です。

「手段」を限定しないことが最速で現金化するコツ

宇宙銀行は、現実化しやすい手段でお金を差し出してくれます。私たちがお金を人にあげるとき、現金だけでなく、口座に振り込む、小切手や商品券を渡すなどいろいろな手段があって、都合のいい方法を選んだりしますが、それと同じこと。

ですから**自分がオーダーした方法とは違う方法で叶うこともよくあります。**誰かからもらう、良いアイデアが浮かぶ、持っていたものがお金になる、支払い予定の金額が減る、転職、玉の輿、宝くじ、馬券など、さまざまな手段で入ってくることがあるでしょう。

そのことを念頭におき、**最終的な方法はお任せしたほうがいい**でしょう。「思っていたのと違う」と手段にこだわっていると、うまく受け取れなくなります。

宇宙銀行からお金を引き出したければ、**素直にオーダーして、自分の思った方法ではな**

かったとしても、差し出されたお金を素直に受け取るという柔軟さが必要なのです。

家の中を片づけていたら、子どもの頃に取っておいたお菓子の付録が出てきて、プレミアムがついて高く売れたとか、骨董品が出てきた、といった話も聞きます。

また、お金が手に入るパターンで多いのが、仕事関係です。宇宙銀行にオーダーしたら、たくさん仕事を依頼されるようになり、それをこなしていたらいつの間にか望みの金額に達していた、といったことも。

ほかに、まとまったお金が欲しいときにどこからか借りられた、というのも宇宙銀行がお金を差し出すパターンの一つ。

例えば、新しい事業を始めるとき、銀行に融資をお願いしたらスムーズに借りられた、コロナ禍で売上が落ちてしまい、金融公庫に申請したら運転資金の貸し付けを受けられた、奨学金を借りられて大学に行けるようになった、住宅ローンの審査に通って家が買えた、クラウドファンディングを募ったら目標金額を達成して、自分がやりたいことができるようになった……など、なかなか借りるのが難しいような状況でも借りられるようになったりするのです。

実際に私のもとに寄せられた報告を見ても、宇宙銀行にオーダーした人が受け取った方法は多岐にわたっています。ここに例をあげておきましょう。

「200万円の仕事が入った」

「300万円の融資が通った」

「身内に遺産の生前贈与をしてもらった」

「ハンドメイド商品が売れた」

「懸賞が当たった」

「気前よくおごってくれる彼氏ができた」

「元夫が急に慰謝料を払ってくれた」

「お金を横取りされそうになったが、それを事前に教えてくれる人がいて無事だった」

とにかくいろいろなパターンがありますから、オーダーを叶いやすくしたかったら、「宇宙銀行から見たら、どういう形なら現金化しやすいだろう?」と考えて、その手段を作っていくといいでしょう。

お金には「良いお金」も「悪いお金」もない

このときに気をつけてほしいのが、もらうお金を良し悪しで判断しない、ということ。本来、お金には良いお金も悪いお金もありません。

といっても、勝手に人のお金を奪ってもいい、という意味ではありません。いくら霊界に良し悪しがなくても、社会的に罰を受けるような犯罪行為でお金を取りなさいと宇宙銀行が言ってくることはありません。

しかし、犯罪行為でないのなら、**自分の価値観でお金の良し悪しをジャッジしないほうがいい**です。

よくあるのが、「親のすねかじりは良くない」とか、「借金は悪いことだ」と思って、受け取りを拒否してしまう人です。

「苦労せずにもらうお金は良くない」と思い込んでいるケースもあります。「苦労したお金こそ価値がある」と思っていると、宇宙銀行のほうも苦労する方法でしかお金をくれなくなります。

あるいは、「何もしないのにお金をもらうのは悪いこと」と思っていると、何もしていないときに差し出されたお金を断ったりして、せっかく宇宙銀行がくれたチャンスを逃してしまうこともあるのです。

「いいこと」が起きたらオーダー成功のサイン

宇宙銀行にオーダーしたときは、まずサインが来る場合があります。

もし「20万円が欲しい」とオーダーしたとしても、20万円がすぐに手に入らず、なかなか叶わないことがある。そんなときに、道端で50円玉を見つけたりするんです。実は**この50円玉が、「あなたのオーダーを受け取りましたよ」という宇宙銀行からのサイン。**

ここで注意してほしいことがあります。それは「なんだ、50円か」とやりすごすと、**宇宙銀行はせっかくオーダーを受け取ったのにお金をくれなくなる、ということ。**

おじいちゃん、おばあちゃんにたとえれば、持っている小銭をさっと孫に渡したときに、「ありがとう」と孫が喜んでくれたら、嬉しくなり、「今度ちゃんとまとまった額をあげよう」と思いますよね。

その反面、「なんだ、これだけじゃ何も買えないよ」と不満そうな顔をされたら、がっかりしてお金をあげたくなくなるはずです。

もしサインが来たら、誰もいないところで空をあおぐなどして「来ましたね。ありがとうございます」と心の中で言うといいでしょう。宇宙銀行と素直にコミュニケーションを取ると、素直に反応してもらえて、必要なときにお金がもらえる確率が高まります。

また、お金でなくても、おみくじを引いたらいいことが書かれていたり、突然小さなプレゼントや美味しいお菓子をもらったりするなど、「ちょっとしたいいこと」がサインの場合もあります。そういった小さなことにもちゃんと気づいて、返事をしてくれる人は、宇宙銀行から見てても可愛い存在だと思うもの。「もしかしてサインかも」と思ったら、遠慮なく「ありがとうございます！」と返答しましょう。

ここまでのポイントをまとめると、次のようになります。ぜひ実際にやってみましょう。

宇宙銀行のお金の渡し方

- ◆素直に反応してくれる人にお金をくれる
- ◆具体的であるほど叶いやすい
- ◆自分のキャパシティを超えたオーダーは叶いづらい
- ◆自分が同意していないと叶わない
- ◆お金が入ってくるまでにはタイムラグがある場合が多い
- ◆思ったことと違う方法でくれることも多い
- ◆オーダーが通るとサインをくれることも

最強のオーダー方法

STEP❶ SMARTをはっきりさせて、欲しい金額と期限を決め、素直に、強くお願いする

STEP❷ お金が入ったときにできる体験と気持ちを、五感を使って具体的にイメージする（受け取って喜びをかみしめているところ、願いが叶った後の状況など）

STEP❸ 宇宙銀行を信じてお任せし、オーダーしたことは忘れる。キャンセルや追加、変更はOK

STEP❹ 受け取り方法をたくさん作り、目の前にあることを精一杯やる

STEP❺ サインが来たら見逃さず、喜びや感謝の気持ちを宇宙銀行に伝える

神様のサポートを受けてどんどん運を上げる

ほかに金運を上げるために、するといいこと、しないほうがいいことも紹介していきます。

お金が欲しいとき、神社やお寺にお参りに行く方もいると思います。霊的な意味ではそれも宇宙銀行にオーダーするのと同じことなので、願いが叶いやすくなります。

まずはそのお参りのコツをいくつかご説明します。

参拝のときに覚えておきたいのが、**あまり作法にこだわらなくていい**ということ。

「神社仏閣を参拝するなら、ちゃんとしきたりを守らないと、神様が怒って願いを叶えてもらえないいんじゃないか？」と心配する人がいますが、基本的にそういうことはありません。宇宙銀行もそうですが、**神様もお堅くはないと思ったほうがいい**でしょう。

革など動物由来のものを身に着けたらダメだとか、参道の真ん中を歩いてはいけないとか、ちゃんと二礼二拍手一礼しないと願いが叶わないなど、いろいろいわれていますが、**そんなに心が狭くはありません。**

孫が作法をちゃんとできないからといって、おもちゃをあげないおじいちゃん、おばあちゃんはあまりいないですよね。それと同様に、**神様はしきたりや作法のような手段にはこだわらない**んです。

ただ、神社やお寺によって、ある程度その場所で定めている作法があります。基本はその通りにして、そこにいらっしゃる神主さんやお坊さんに失礼がないようにするといいでしょう。

けれども、**一番大事なのは気持ち**です。

例えば先祖供養であれば、故人を偲ぶ法事でお坊さんを呼んでお経を唱えてもらい、親族がお墓で手を合わせる、という手段を取ったりします。

しかし、その法事に参加しなかったとか、服装が適切でなかったからといって先祖が怒ったり崇ったりすることはありません。大事なのは先祖を思う気持ち（目的）であって、法事をすること（手段）ではないのです。

また、ときどき「神社に行ったら感謝だけしなさい」と聞きますが、願いを叶えてほしいのであれば、それもやめたほうがいいでしょう。

もしおじいちゃん、おばあちゃんが好きなものをあげようと話を聞いてくれているのに、何もお願いせずににこにこしながら「ありがとう」ばかり言っていたら、「この子は何を考えてるんだろう？」と戸惑いますし、「何が欲しいかわからない」と困ってしまいますよね。

神様に対しても、**素直な気持ちでオーダーして、それが叶ったり、あるいはサインをもらったりした場合にも、素直な気持ちで「ありがとう」と言えばいいん**です。

自分がどこの誰で、何の目的で来たのかも、お参りのときに、はっきりと念じましょう。「全知全能の神様は誰が来たかもわかるし、どんな悩みがあって、何をしてほしいのかもわかるはずだ」と思っている人がいますが、そんなことはありません。

頻繁に行っているところであれば、どこの誰かはわかるかもしれませんが、初めてのところや、たまにしか行かないところであれば、まず**どこの誰が来たのかわかってもらう必要があります。**

その上でSMARTを意識して具体的にお願いし、さらにそれに対して、「自分はこんなふうに努力します」と宣言します。そして参拝後に、**自分のやるべきことにひたすら取り組めばいい**のです。

願いごとの数は、**2つぐらい**にするといいでしょう。

宝くじも当たってほしい、車も欲しい、結婚もしたい、昇進もしたい、というようにいくつもお願いしたら、自分でも「1年でそんなにいっぺんに叶わないんじゃないか」という気持ちになりますよね。神様も「これは本気じゃないな」と思います。

自分の願いと神様の得意分野は合致しているか？

願いごとによって神様を選ぶことも、とても重要。

病気を治したいなら薬師《やくし》如来《にょらい》がいいとか、縁結びなら大国主命《おおくにぬしのみこと》がいいなどといわれますよね。**神様によってそれぞれ得意・不得意な分野がある**ので、得意な神様にお参りしましょう。そのほうが効果的です。

とくに仏様は、「如来」「菩薩《ぼさつ》」「明王《みょうおう》」「天」という4層構造になっていて、**上に行くほど悟りを拓《ひら》いた存在、下に行くほど現世に近い存在**です。

釈迦如来や大日如来といった「如来」は、悟りを拓いているので、お金が欲しいとか、結婚したいといった俗世間的な願いはあまり得意ではありません。

一方で、「天部」の仏様は人間にとって、とても身近な存在。現世的なこともよく理解してくれて、願いを聞いてくれます。

その中でも金運の願いを叶えてくれるのは、弁財天《べんざいてん》、大黒天《だいこくてん》、毘沙門天《びしゃもんてん》です。

また日本の神様では、金山毘古神《かなやまひこのかみ》を祀っている場所がいいでしょう。私が金運に効果があると思った神社やお寺のほか、治癒や合格祈願などに効果のある場所もお教えします。

金運に効果がある神社やお寺

- 新屋山《あらややま》神社（山梨県）
- 御金《みかね》神社（京都府）
- 金劔宮《きんけんぐう》（石川県）
- 妙円寺　松ヶ崎大黒天（京都府）

治癒や合格祈願、恋愛、エネルギーアップに効果がある神社やお寺

◆健康　東寺（京都府）　薬師如来が御本尊《ごほんぞん》のところ

◆受験　菅原道真が御祭神の天満宮

◆縁結びや恋愛　京都地主《じぬし》神社（京都府）　大国主命が御祭神のところ

◆エネルギーをチャージ　八坂神社（京都府）　素戔嗚尊《すさのおのみこと》が御祭神のところ、晴明神社（京都府）　安倍晴明が御祭神のところ、鞍馬寺（京都府）　尊天《そんてん》がご本尊のところ

また、次のような神社やお寺はエネルギーもチャージできて、金運を含めたさまざまな願いに対応しています。

さまざまな願いを叶えてくれる神社やお寺

- ◆日枝《ひえ》神社（東京都）
- ◆愛宕《あたご》神社（東京都）
- ◆成田山新勝寺《なりたさんしんしょうじ》（千葉県）
- ◆三峯《みつみね》神社（埼玉県）
- ◆江島神社（神奈川県）
- ◆寒川神社（神奈川県）

たっぷりエネルギーをもらうなら迷わず総本宮へ！

総本宮と分社は、会社でたとえると本社と支社のようなもの。お参りするなら、できれば総本宮に行ったほうがたっぷりとエネルギーがもらえます。

ほかにも、身近な場所に金運に強い神様がいたら、その場所にときどき通うのもいいですね。もともと神社は、地盤が強く災害も起こりにくい、エネルギーが強い場所に造られています。ですから、**その場所に行くだけでエネルギーがいただけます。**

神社に参拝するのは、**日の出から日没までが鉄則。**夜の参拝はなるべく避けたほうが無難です。なぜなら神社は良し悪しに関係なく、どの霊的エネルギーも強い場所。その中でも、日照時間内は神様のエネルギーが強く、日が落ちてからはネガティブな霊的エネルギーが強くなります。よって、昼間は安全ですが、夜は霊に取り憑かれたりして危険なのです。

また、神社に限らず、パワースポットといわれる場所は、エネルギーが強いところです。エネルギーをチャージしたいときは行ってみるといいでしょう。

自然の多い場所は気の流れが良いところが多いのですが、とくに滝、山はエネルギーが大きいところ。中でも断層になっている場所は、強いエネルギーを発しているところもあります。

そして断層のあるところには温泉があります。次章でご説明しますが、その温泉が除霊にも効きます。有名な場所として兵庫県の淡路島がありますが、ほかにも調べたらたくさんあるはずです。

黄色は金運に関係がない!?
運が舞い込むものの選び方

お金持ちになりたい人は、よくお財布の色や形を気にしますよね。世間的にも黄色がいい、ゴールドがいい、長財布がいいなど、いろいろな説が流布しています。ですが、これらは実は金運とはほとんど関係ありません。

お財布で一番重要なポイントは、「自分の気分が良くなるかどうか」です。自分の気分が良くなることで、エネルギーが上がり、自分にとって良いことを引き寄せられるようになり、ひいては金運も上がります。

だからこそ、**お財布に限らず、携帯やバッグなど、毎日使うものは、自分のテンションを上げるものを選ぶのがベスト**なのです。

ただし**モノクロは、なるべく避けたほうがいい**でしょう。

モノクロ写真は古いものだというイメージもあって、今の自分をモノクロ写真で見ると、新しいはずなのに、すごくぼやけて、古くて、どこか過去のものに思えます。

一方で、カラー写真に写っている自分は、明るくてリアリティがあります。それだけ、鮮やかな色は当事者的で、モノクロは第三者的、客観的になるということです。

ということは、**明るい気分になりたいなら、色彩があったほうがいい**ということ。モノクロだとどこか他人事に思えてしまい、脳が退屈してしまうんです。

逆にモノクロのメリットは、**嫌なことを思い出しても、もうだいぶ昔の過ぎたことのように思えること**。カラーで嫌なことを思い出すと、痛みを感じやすくダメージが大きくなります。

そのほか、赤は気持ちを上げて、青は反対にクールダウンさせますよね。明るい色と暗い色でも気分が違います。気分を上げるなら暖色系で明るい色がいいということになります。

しかし何といっても大事なのは、**自分がそれを好きかどうか**です。好きなものを持つことが一番テンションを上げてくれるからです。人から見たら変わったデザインのものを持っている人がいますが、自分が好きならそれでかまいません。

たとえ黒や灰色であっても思い入れがある色だったり、使いやすかったりして、気に入っているものならそれが一番。言うまでもなく、長財布か二つ折りかも関係ありません。


ブランドもののバッグも、自分がすごくそのブランドが好きで、触るたびに気分が良くなる、リッチな気分になれる、といったプラスの気持ちを抱けるものなら、それを使うのは良いと思います。

けれども、自分はとくに好きではないのに、「ブランドものだから」とか「金運が上がると言われたから」といった理由で選んだとしたら、残念ながらあまり金運アップにはつながりません。

使いやすさもポイント。頻繁に使うスマホケースが使いづらかったらイラッとしますよね。それが気分を下げることになります。スマホの待ち受け画面を、テンションの上がる画像にしておくのもおすすめです。

実際、本当のお金持ちは「金運を上げるために黄色にしよう」というようにお財布を決めていませんし、ブランドもので身を固めてもいません。お財布は、そもそもあまり持ち歩いていない人も多い。現金はあまり持たず、男性ならカードと千円札数枚と小銭入れをポケットに入れるだけのような人もたくさんいます。

またファストファッションブランドの服を着て、サンダルを履いて、時計もせいぜい数万円のスマートウォッチを身に着けているだけのこともよくあります。

第1章のSNSの項でもお話ししましたが、彼らにとってお金持ちに見せることはメリットよりデメリットが大きいんです。数十万円のブランドスーツに身を包み、長財布に100万円ぐらいの札束を入れて、数百万円の時計をしているのは、本当のお金持ちではなく、お金持ちに見せたい人だと理解しておきましょう。

人は無意識に周りの影響を受けます。もし金運を上げてお金持ちになりたいなら、お金持ちや金運がありそうな人と仲良くなって、一緒にいるのもいいでしょう。

その人のエネルギーの影響を受けて、**考え方や価値観、習慣、時間の使い方が変わります。**

テンションが上がる「良いもの」を常に持つこと

持ちもの全般で、「もう合わないな」「しっくりこないな」というものを使っていると、テンションが上がらなくなります。定期的にものを見直すのがおすすめです。新しいものを買うとワクワクするなら、そういう時間を定期的に持つことも良いでしょう。

一般的には2、3年すると自分が前より成長してエネルギーが変わるため、今まで使っていたものと合わなくなることが多いようです。

捨てるかどうか迷ったら、一度手に取ったり、身に着けたり、使ったりしてみましょう。「体の声を聴く」とよくいわれますが、体の反応が自分自身の本音を教えてくれます。

ただ、昨今は捨てることばかりが推奨されがちですが、**何でも捨てたほうがいいとも限**

りません。

「時計は一つ」というように限定しなくても、「ダイバーウォッチは海で使いたい」とか「この時計はパーティーで使いたい」というように使い分けしたり、「このバッグはもう仕事では使わないけど、気に入ってるから近所に行くときに使おう」というように役割を変えたりして使ってもいいんです。

お金持ちの中には、良いものを長く使っている人もたくさんいます。時計ならオーバーホールしたり、ペンならインクを詰め替えたりできますよね。そうやって古くても気に入ったものを大切に手入れして、壊れたら修理して使うんです。

一方、普通の人は、良いものを買って長く使うより、安いものを買ってすぐに買い替えてしまいます。

例えばスーツにしても、お金持ちは良いものを買ってお直ししながら使うのに対し、普通の人は、安いスーツを買って数年でダメにしてしまう。長い目で見たら良いもののほうがお金がかからなくても、目先のお金を優先してしまうんです。

「でもそんな余裕はない」と思った方もいるかもしれませんが、すべてを良いもので揃える必要はありません。

お金持ちの人は、「これだ」と思ったら良いものを長く使いながらも、消耗品などは百均で使えるものがあれば買ったりもします。お金をかけたいところはかけ、かけなくていいところはかけないという使い分けが上手なのです。

とくに貧乏神の話にもあったように、お金持ちは靴には気を使っていて、手入れされたものを履いています。高価なスーツを買う余裕がなくても、靴に気を使っているだけで、何事もうまくいってお金も必要なときにはちゃんと入ってくるのです。

お金のエネルギーを増大させる「買い物」の仕方

またお金持ちは、良いものを選び、大事に使って、そして高く売っています。

家具を買うとき、中古であってもいいものを買えば、不要になった際に売れば値がつきます。けれども格安量販店の新品を買った場合、不要になったら粗大ごみにしかならないかもしれません。こんなとき、お金持ちは中古であっても良いものを買って大事に使うので、いらなくなって売ると、買ったときと同じくらいの値段で売れることもあるのです。

次に売るときのことを考えるのと考えないのとでは、選ぶものも変わってきますよね。

ブランドもののバッグ一つ買うにしても、お金持ちは高く売れるブランドで、人気のモデルを選びます。メーカーによって数年後の値段が変わる携帯やパソコン、すぐに買い替える可能性が高い子ども服やアクセサリーなどもそうです。それだけお金持ちは、**日常的に**

将来を見据え、長期的に見るクセがついているんです。

家も先を見据えて買うことが非常に大切。新築で買うとカギを開けた瞬間に3割ぐらい値段が落ちてしまい、買った値段より高く売るのはなかなか難しいでしょう。それなら中古を選ぶというのがお金持ちの買い方です。

もし家を買ったときと同じぐらいで売れるとしたら、土地の値段が上がるとき。需要と供給のバランスによって、人気の場所と、間取りの家だったら高く売れるわけです。

不動産というのは同じものは2つとなく、隣同士であっても大きさや形状、日当たりが異なるなどと必ずどこか違います。その場所ならではの希少性があり、多くの人に求められる場所は必然的に値段が上がるもの。お金持ちは、先を見越してものを買うのが習慣化しているので、どの土地が将来高く売れるかをよく見極めて買います。一方、普通の人は先のことをあまり考えないので、見極めを誤ったりします。

ここまでの話でおわかりいただけたと思いますが、本当のお金持ちは、お金の使い方が上手。**お金は稼ぎ方より使い方が難しい**とよくいわれますね。自分のためのエネルギーとして使い、循環させていかなければ意味がないのです。お金持ちというのは、そのお金のエネルギーをどこに注入すればいいのか、よく心得ている人たちなのです。

第3章

最強の運を呼び寄せる「マインド」と「行動」

マインドが変われば どんどん強運になれる！

ここからは、自分のマインドと行動を変えて、開運体質になる方法についてご説明します。「はじめに」でお伝えしましたが、可動域を広げてエネルギーを大きくしていけば、霊が取り憑かなくなり、運がどんどん高まっていきます。

ではそのためにはどうすればいいかというと、まずは**自分のマインドや行動を変えること**。それは自分の力で十分できることですから、ぜひ実践していってください。

人はそれぞれ、この世界をどのように見るかという世界観が違うという話をしましたね。その世界観の中には「どこの学校に入ってどこに就職するぞ」とか「お金持ちになるぞ」とか「結婚して、子どもを何人ぐらい持って、家を買って」というような将来の見通しも含まれます。実は私たちは、**意識的、無意識的にかかわらず、その自分の世界観を実現し**

ようとして生きているんです。

家庭を持ちたかったら結婚相手を探したり、妊活したりと、家庭を持てるように動く。企業を上場させるという世界観を持っていたら、上場に向けて動く。首相になって日本を動かそう、という人なら、政治のことを学ぼうとするのです。

その世界観は、家族や友達といった自分と接する人との交流や、テレビなどのメディア、インターネットによるさまざまな情報などからでき上がっています。

この情報によって私たちは「人間とはこういうものだ」「世の中とはこういうところだ」といった固定観念、「こうしなければいけない」といった信念、「自分とはこういう人間だ」というセルフイメージなどを作っていきます。それらをもとに、私たちの世界観が形成されていくのです。

例えば「私は大切にされて当たり前の人間だ」という世界観で恋愛をするときは、自分を大切にしてもらえる相手を選びます。そして、少しでも大切にされていないと思ったら、自分を大切にしてもらえるような行動を取るわけです。

「お金は悪いものだ」という世界観がある人は、なるべくお金を直視しない、お金に向き合わない傾向が強いです。なので、お金に好かれません。

この世界観は動物にもありますし、霊にもあります。おそらく植物にもあると思います。動物であれば、家に犬や猫などのペットがいたら、家族の中でも奥さんの言うことは聞くけど、子どもの言うことは聞かない、といったことがありませんか？　それはペットの中に「俺のほうがお前より上だろう」という世界観があるからです。

霊は、生きている間に得たいろいろな知識や情報をもとにした世界観があります。よくあるのが、「お盆にはお墓や仏壇に戻ってくるものだ」というものです。

お盆になると線香の匂いがどこからともなく漂ってきたり、お経が聞こえたり、生ぬるい空気を感じたりといった不思議な体験をした方もいるでしょう。それは、**霊がお盆にはお墓や仏壇に戻るという世界観を持っている**からです。

自分の意識を変え、世界観を変えたら、行動も変わり、結果も変わってきます。例えば、生きているお坊さんは亡くなったお坊さんの霊をなかなか除霊することができないといわれています。けれども私のようにお坊さんではない霊能力者が除霊すると、すぐに取れてしまいます。なぜかというと、仏教では「お坊さんの霊は強くてなかなか取れない」といわれることがあり、お坊さん自身がそれを世界観として持っているから。けれども私にはそのような世界観はありません。だから結果が変わるのです。

目先の善悪でジャッジすると幸せは遠のく

世界観の背景には、「霊とは悪い存在だ」とか、「学歴が高いのは良いことだ」といった善悪の判断があります。けれども前述のように、ものごとに良し悪しはなく、ただ単に自分でジャッジ（判断）しているにすぎません。

霊は自分と波長が合う人に取り憑いているだけですが、取り憑かれて霊障に遭った人は、「霊は悪いものだ」と思うかもしれません。でも波長が合わずに取り憑かれない人にとっては、何の関係もない存在。つまり善悪のジャッジは、自分の置かれている立場や状況次第で変わるということです。

もう一つ例をあげましょう。「東京でお金を盗まれた人がいた」と聞いても「東京はたくさん人がいるから、泥棒くらいいるだろう」と思うかもしれませんが、「あなたの友人の東京のAさんがお金を盗まれた」と聞いたら「なんてひどい。悪い奴がいるものだ。Aさんがかわいそうだ」と思ったりしませんか？

誰かがお金を盗まれたという事実は変わらなくても、どの立場で見るか、状況次第で意味が変わってしまうわけです。

ましてや私たちの判断基準は、時代や年齢などによっても変わるもの。ついひと昔前は「女性は25歳、男性は29歳までに結婚」が当たり前で、独身の人は特異な目で見られることもありました。ところが今では初婚年齢も上がり、結婚しない人も当たり前に社会で受け入れられています。

私たちはそのようにコロコロ変わる基準や、自分の信念や価値観でものごとをジャッジしているんです。つまり良いか悪いかはあくまで自分の主観。ただ結果として自分の願っていたことが叶ったり、自分にとって好ましいことが起こったりしたら「良い」と言い、好ましくないことが起きたら「悪い」と言っているだけなのです。

「人間万事塞翁が馬《にんげんばんじさいおううま》」ということわざにもあるように、**一時的に悪いと思った出来事が、長い目で見たら良い出来事に思える**こともあります。それを自覚して、なるべくものごとを善悪で判断しないほうがうまくいきます。

例えば、他人との比較で自分の位置を判断すると、「私より優秀な人がたくさんいる」とか、「この人よりはましだ」というように、セルフイメージが作られます。そして「自分はこの程度にしかなれない」というように自分の可能性を狭めるのです。

実際に**うまくいっている人や幸せな人は、起きたことを善悪で判断しませんし、自分と他人を比べてジャッジもしません。**

お金持ちにしても、あまり「自分のほうがお金を持っている」と人と比べたりはしません。他人がどうかよりも、**今の自分がどうやったらもっと楽しくなるか、ということばかり考えている人が多いのです。**

合理的に「意味付け」をすれば人生は劇的に変わる

起きたものごと自体には何の意味もありません。どんな意味付けをするかは自分で決められるのです。

スピリチュアルなことが好きな人に「ブレスレットが切れたのはどういう意味ですか？」「花が枯れたのにはどんな意味がありますか？」などと聞かれることもありますが、同じ現象でも「たまたま」「悪いお知らせ」「身代わりになってくれた」「古くなったから」など、どんな解釈もできます。

重要なのは、自分がその出来後をどう解釈し、どのように意味付けをするかです。

もし失業して収入がなくなっても、「前々から考えていた起業のチャンスの到来だ」と思って奮起し、会社を興して成功する人もいますよね。失恋したとしても、「もっと素晴らしい相手と巡り合える」と思っていたら、次に生涯の伴侶と出会えることもあります。
失敗したときにも「ああ、嫌だなあ」と落ち込むだけでもすみますが、「より深く学ぶ機会を得ることができた」と思うと、その経験が次に生きてくるのです。

起きたことに対しては、自分が強くなれるような意味付けをするとうまくいきます。
良い・悪いで判断せず、**自分の力が出る方向や、自分にとってより良いものになるように合理的に解釈すればいい**のです。

例えば、就職試験を受けて希望の会社に入れなかったとき「第一希望の会社に入れなかったけど、受かった会社でがんばろう」と合理的に考えれば、入社した会社でよりがんばれて、いい仕事ができます。昇進の可能性も高まりますし、前向きな姿を気に入ってくれる恋愛相手が出てくるかもしれません。

反対に「ああ、もう自分の人生終わった」と思って真面目に仕事に取り組まなかったら、その後の人生はきっとうまくいかなくなるでしょう。このように合理的に考えることがその後の人生を左右する大事なポイントになってくるのです。

肉体と精神のバランスが整う「合理的思考」

肉体と精神と思考というのは全部つながっていて、思考の影響は精神にも肉体にも及びます。つまり、**肉体と精神と思考のいずれかの調子が悪くなれば、スパイラルを描いて他も悪くなり、良くなればスパイラルを描いて全部良くなる**ということ。

試験に落ちたときに、「もっと学ぶ機会ができた。それによって自分は進歩できるんだ」と自分の力が出るように合理的に考えたとしましょう。すると精神的にも前向きになって、「よし、次の試験はがんばろう」とやる気が出てきます。

そうなると姿勢も良くなり、体の調子も良くなって、さらにがんばれて自分の可能性がどんどん広がっていくのです。

一方で、「ああ、自分は何をやってもダメなんだ」というように合理的ではない解釈をしてしまうと、何をやっても落ち込んで、やる気もなくなります。「嫌だからやめよう」「うまくいかないかもしれないからやめよう」というように、どんどん行動範囲が狭まり、可動域も狭くなっていきます。

下を向いて姿勢も悪くなり、そのうち体調も悪くなっていく。そしてそれ以上学ぶのが嫌になり、自分の可能性をどんどん塞いでしまうんです。

人は何か嫌なことがあったときに、負のスパイラルにはまりがちなので、**いかに合理的思考をするかが大切**なのです。

今、目の前に起きていることと本来の目的を切り分けて、どうしたらいいのか考えるというのも、合理的な考え方です。

例えば、仕事の進め方で会社内の他の部署の人と争いになったとしましょう。

争ったのは嫌なことだとしても、なぜ争ったのかを考えてみたら、自分も他の部署の人も「良いサービスをお客さんに提供したい」「会社の業績を良くしたい」という共通の目的を持っていて、ただ立場によってやり方が違っていただけだとわかるかもしれません。

それに気づけたら、同じ目的に向かってお互いにどうすればいいのか考えられますよね。

この考えができる人はうまくいくケースが多い。会社であれば、会社が同じ目的に向かっていることを理解して、「経理部の立場はこうで、営業の立場はこうなんだな」と**合理的に考えられる人ほど出世しやすくなる**んです。

本来の目的を見て合理的に考えられると、起きている事象に振り回されて怒ったり悲しんだりすることも減り、気持ちが穏やかになります。穏やかな人になれば人に好かれることも増え、協力も得られて、よりうまくいくようになるでしょう。

「今」にフォーカスすれば ものごとの詰まりが消える

そもそも、自分が直面する問題というのは、自分で解決できることだけ。**解決できない問題は自分のところには来ません。**

例えば今の私のところに、「国の防衛を何とかしなければいけない」というような、解決できない問題はやってきません。

ときどき「このままでは人類が生きていけないんじゃないか」といった自分だけの力では解決できない大きな問題を心配してしまう人がいるんですが、それを何とか解決しようと思っても、結局は自分でできることをするしかありません。自分一人で解決できないことを心配してもしょうがないことです。

人は「できることしかできない」もの。目の前で起こっていることに対して、今できることをやるしかないのです。

現状では大変なことばかりだったとしても、これからどうなるかはわかりません。いくら考えても結果がどうなるかわからないのなら、あれこれ考えてもしょうがないと思いませんか？

だから**今にフォーカスすることが一番合理的**なんです。明日の心配はせずに、今日できることを精一杯やりましょう。実際、**考えても仕方ないことをあれこれ考えず、目の前のことに一生懸命取り組んでいる人のほうが、結果的にうまくいっています。**

とくに何かの願いごとをしたときには、「叶わないんじゃないか」「まだ叶わない」とあれこれ考えて一喜一憂しがち。

けれども、願いが叶うときというのは、タイムラグがつきもの。強く願っているときや、結果をあれこれ気にしているときにはあまり叶わず、願ったことを忘れたり、「まあいいや」と思ったりして執着がなくなった頃に叶う、ということがよく起こります。

だからこそ、結果にはあまりこだわらずに、目の前のことに一生懸命取り組むといいんです。

脳には「心配する」プログラムが刻み込まれている

あれこれ考えると、どうしても悪い結果を考えて不安になりがちです。なぜなら、**人間は不安が大好きな生き物**だからです。

人の脳には、何にでも心配するというプログラムが無意識の中に組み込まれています。たとえるならそれは心配性のお母さんみたいなもの。そんなお母さんが、子どもが「スキーに行く」と言ったら「ケガしたり骨折したりするかもしれない。危険だからやめなさい」と反対するように、行動しようとするたびに心配をするのです。

人類は歴史的に「獲物が捕れなかったら死んでしまうから、生き残るためにどうするか考えよう」というように、将来のことを心配しないと生きていけない時代を長く経験してきました。だからこそ生きていくための防衛本能として不安があるのです。その本能は今でも残っていて、多くの人が「年金をもらえなかったらどうしよう」「結婚できなかったらどうしよう」とさまざまな不安を抱えています。不安は自分を守ってくれるものでもあるので、一概に悪いとはいえませんが、必要のない不安は持たないほうがいい。

なぜなら、「病気になったら」「お金がなくなったら」というように思い描くと、**無意識にそういう世界観を作り上げてしまい、それを実現する方向に向かっていく**からです。とくに、自分と他人を比べて自分より優れているとジャッジしてしまうと、自分のほうが劣ったときには不要な不安ばかりして抱いてしまうもの。だからこそ**ジャッジしないほうがいい**のです。

また、何か行動する際にも「もっと前に行きたい」という自分と、不安があるために「危ないからやめておけ」と止める自分がいます。不安のほうが勝って行動を恐れてばかりいると、自分の可動域を狭めることにもなります。

もし不安に振り回されたくなかったら、**目的と手段を合理的に分けて考えましょう。**「スキーをしたい」も「骨折したくない」も、「楽しい気持ちを味わいたい」という目的は同じ。ならば、本当はどうしたら自分が一番楽しい気持ちを感じられるか考えるのが大切です。

「快楽原則」を知れば合理的な行動が取れる

人の心理には「快楽原則」というものがあります。これは精神科医のフロイトが唱えた人間の心理ですが、おそらくどんな生物にも同じような性質があると思います。

どんなことかといえば、**快楽を得るために、痛みを避ける**ということ。

これも生物の防衛本能のようなものです。私たちの本能は、病気やケガなど強く痛みが生じたときに、生命の危機を感じます。だから痛みが起きることを避けようとするのです。

この場合の痛みには肉体だけでなく、精神的苦痛も含まれます。

例えばドライバーにとって、警察に捕まって罰金や点数をとられるのは痛みです。だから交通違反をしないように運転するわけです。

とくに今の社会では、多くの人がお金を失うことを痛みと感じます。なぜなら、「お金がないと食べ物が買えず、生きていけない」という意識があるから。だからお金で損することを避けるような行動に出ます。

遅刻するスタッフが多いお店で、「ちゃんと時間通り来られる人を評価する」と言っても遅刻が減らなかったのに、「遅刻したらそのぶんお給料から引く」と決めたとたんに遅刻がなくなった、という話があります。これは**お金を引かれることが強い痛み**だからです。

期限がない仕事でもどんどんできる人もいますが、多くの人は期限が決まっていないと進められません。

早く終わらせて楽をしたいという思いよりも、期限を守らないと信用を失って仕事もなくなるかもしれない、という痛みのほうがやる気を引き出すことが多いからです。

つまり世の中には「もっと良くなりたい」という願望が行動の原動力になりやすい人もいる反面、大半の人にとっては**「もっと悪い状況になりたくない」という痛みを避けることのほうが強いモチベーションになる**ということです。

このように私たちの「痛みを避けたい」という気持ちは、がんばるモチベーションになることもあれば、「痛い思いをしたくないからやめておこう」と行動を制限するきっかけになることもあります。

「投資をしたい」気持ちより、「損をしたら嫌だ」という気持ちが強い人は、投資に興味があってもなかなか実行に移すことができません。ここでも、良し悪しでジャッジせずに合理的に考えることです。

合理的に考えれば、「投資してお金を増やしたら幸せになれる」も「失敗して損をしたら幸せになれない」も、「幸せになりたい」という目的は同じ。それがわかれば、「リスク管理をしながら投資する」という方法が見つかるはずです。

ゴールを明確にすると、驚くほど万事うまくいく

うまくいかないという人は、単にうまくいかない方法を選択している、とお伝えしましたが、そもそも自分にとってうまくいくというのが具体的にどういう状態なのか、**ゴールが明確でない人がいます。**

車に乗ったときにカーナビで目的地を設定したら、どのルートを行けばいいのかも明確になり、目的地まであとどれくらい時間がかかるかもわかりますよね。

目的地から遠ざかっていたら、カーナビを見てルートを修正することもできます。

明確にゴールを定めずに「うまくいかない」と言っているのは、カーナビで目的地を設定せず、ただその辺を走り回って、「目的地にたどり着かない」と嘆いているのと同じこと。

まずは自分の現状を明確にして、ゴールを設定するということから始めましょう。**ゴール**

を設定すると、脳はそれに沿って動きます。例えば「2年後に結婚したい」だったら、「そのためにはいつまでに婚約したほうがいいよな」「ならいつまでに出会っていたほうがいいよな」と考えられますよね。そして「出会うためにこういうことをしてみよう」と考えて行動できる。そうすると結婚相手が見つかる可能性が高くなるのです。

ここで、ゴールを設定するときに大切なポイントが3つあります。

①5W2Hを明確にする

例えば人は「結婚したい」という目標があっても、いつ結婚したいか明確にしていないと、なかなかその目標に向かって行動しようとしません。反対に5W2Hをなるべく明確にしておくと、行動につながって叶いやすくなるのです。

②自分が同意できるゴールにする

「来年までに1億円貯める」をゴールに設定しようと思っても、本当は「今の状態では無理だろう」と信じきれなかったり、「急に1億円入ったら誰かに騙されそうで嫌だ」と不安が解消できていなかったりして、心の底では同意ができていないこともあります。

そのように自分の中で同意できていない目標は叶いません。「来年200万円なら貯められそうだし、ちゃんと管理できる」というように合意できるゴールを設定しましょう。

③ゴールより未来の世界観を持っておく

ゴールを人生の通過地点として考え、その先まで見据えると、実現しやすくなります。「結婚したい」だったら、「結婚したら、ずっと旦那さんと仲良くして、可愛い子どもを育てて、家族で幸せに暮らす」というように先の目標を設定します。

もし「結婚したい」までで その後のビジョンがないと、夢が叶って結婚したとしても、子どもが生まれて大変になったら「こんなはずじゃなかった」と後悔するかもしれません。

大まかに人生が終わるところまで考えておいて、近い将来については具体的にゴールを設定するのもいいでしょう。そのゴールに向かっていって、状況が変わったら軌道修正したり、途中で考えが変わったらゴール自体を変えたりしてもOKです。

願いは書く・口に出すことで叶いやすくなる

明確なゴールを決めたら、現状と見比べて常に確認するといいでしょう。現在地と目的地のギャップがわかり、どうやってギャップを埋めていくか考えて実行することができるようになります。

このときに重要なのが、具体的に叶ったときのことをイメージして、そのときの気持ちをリアルに感じることです。具体的になればなるほど、そのゴールに向かいやすくなります。ただ、確認して自分の行動を改善するのはいいのですが、「叶わないんじゃないか」というように、心配しすぎないことも大切。必要があれば変更しつつ、願いは叶うと信じて、今の自分ができることをすることです。

確認するためには頭で思い描いてもいいのですが、時間が経つと忘れてしまうものなので、手帳などに書いておきます。そしてそれを口に出すことをおすすめします。「思考は現実化する」といいますが、思考よりも強いのが言葉です。

目で見て、口を動かして、耳で聞いて、とさまざまな感覚を使えば、脳も刺激されます。このようにして、自分の無意識領域にインプットしていくことが重要なのです。

私たちが普段意識的に使っている脳の領域は5％といわれ、残りの95％は無意識の領域です。5％の部分を顕在意識、95％の部分を潜在意識ともいいます。

無意識の領域というのは、霊界のような見えない世界とつながっていて、除霊をしたり、宇宙銀行からお金を引き出したりすることとも関係しています。

例えば、学生のときに暗記しないといけない漢字や英単語などを紙に書いて壁に貼ったりした人も多いでしょう。それを覚えようと意識していなくても、ぼーっと眺めていると、いつの間にか頭に入っていたりしますよね。それは無意識領域にインプットされていくからです。自分のゴールを無意識領域にインプットすれば、意識していなくてもその方向に向かって動き始め、願望も叶いやすくなるのです。

無意識領域にインプットしやすいのは、副交感神経が優位になっている朝起きたときや

寝るときです。人間の自律神経には交感神経と副交感神経という2つの種類があり日中、起きているときは緊張感のある交感神経が優位になっています。

交感神経が優位なときは、活発に脳が動いているので思考するのには向いていますが、無意識領域にインプットしようとしても、思考がブロックしてうまくいきません。

一方で副交感神経が優位なときは、脳も体もリラックスしている状態。ブロックするものがなく、無意識領域にインプットしやすくなるのです。

95%を占める無意識の領域には、自分の世界観も入っています。その世界観は、生まれてから今まで親や友達が言ったこと、学校の

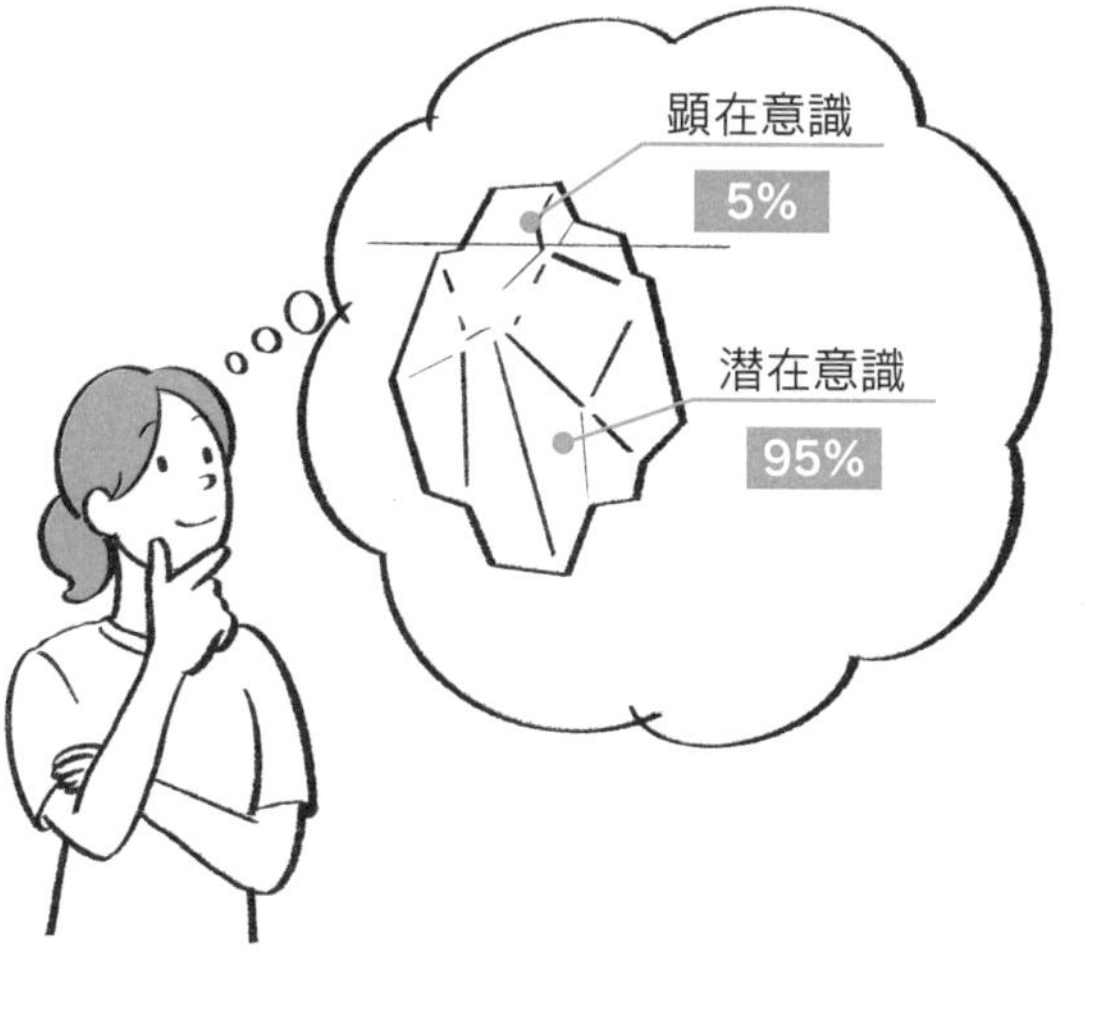

教育、マスコミの情報など、何かからインプットされた知識や情報をもとに作られたものだという話をしましたね。その知識や情報により私たちは「人生とはそういうものなんだ」と思い込み、「こうすべきだ」という信念を持ちます。実際そこに根拠があるかどうかや、本人が本当に望んでいるかどうかは関係ありません。

例えばかつて「男子厨房に入らず」ということわざがあり、根拠がなくてもそのことをうのみにして「男は台所に立ったらいけない」と思い込んでいた男性がいたとします。でも本当はその男性は台所仕事が大好きで、やっていたら才能を伸ばせたかもしれません。

とくに今は、マスコミが与える影響が強いといえます。マスコミは視聴率の取れるニュースや情報などを意図的に多く流します。

青少年の犯罪のニュースばかりが流れると、多くの人は「今の子どもたちは怖いな」と思いがちですが、実際には青少年の犯罪は減っています。世の中の約8割が「青少年の犯罪は増えている」と思っているという統計もありますが、その多くがニュースの影響を受けていると考えられます。

著名人の自殺やシリアルキラーの事件など、ただ見聞きするだけでも無意識の中にネガティブな情報が入り込んでしまうのです。

強運なあなたがもっと強運になる方法

このように、私たちは自分が置かれた環境によって、知らないうちに思い込みで世界観を作っています。そして、5%の顕在意識でいくら違うことを考えても、残りの95%を占める無意識によって行動しています。

「私は運がいい」と日頃から意識して言っている人は運が良くなったりしますが、それよりも強運なのは、**自分は運がいいと無意識に思い込んでいる人**です。

そういう人は、もう運がいいという思いがすっかり定着して当たり前のようになっているので、普段から意識して「運がいい」と言おうとはしません。それだけ、**無意識に定着している人が最強**なんです。

つまり、「自分ってこういう人」「世の中はこういうところ」というような無意識に入り込んだ概念がパソコンのOSだとして、それがネガティブであればあるほど、起きる現象もネガティブになるということ。

「家が裕福じゃないから、自分はお金持ちになれない」

「親の学歴が低いから、自分も勉強ができない」

「自分は良い子じゃなかったから、人から愛されない」

「いいことが起きたら、同じだけ悪いことが起きる」

といった思い込みを抱いている人が多いのですが、それらには何の根拠もありません。

しかし、そう信じ込んでしまっていると、**本当にその思い込みを実現させるように行動してしまう**のです。

もしも人生がうまくいかないのだとしたら、うまくいくやり方に変えることだとお話ししましたが、では何を行動指針にうまくいかないやり方をしていたのかというと、**自分の無意識にある世界観**だったのです。

まずそこから変えないと、なかなかうまくいきません。

ただ、もともとある思い込みとまったく違う考えを、無意識に定着させるのは難しいもの。そんなときは**成功体験**がカギです。

ほんの少しでもいいから、うまくいかないという思い込みに反してうまくいく体験をすると、自分の無意識がリアルに「うまくいくんだ」と学習するようになります。

もし想像力がとてもある人で、成功体験を現実よりもリアリティたっぷりに妄想できたら、それでもOKです。

大事なのは**脳がどう理解するかであって、現実以上に鮮明にその気持ちを感じることができたら、実際に起きたことかどうかはあまり関係ない**からです。

また、「たまたま成功しただけだ」「何かの間違いだ」というように成功体験を否定しないように気をつけましょう。否定すると、せっかく成功体験をしてうまくいくほうに流れが行っているのに、それを止めてしまいます。

セルフイメージを上げると開運体質に変化する

今までお話ししてきたような世界観は、「セルフイメージ」とも深く関係しています。セルフイメージとは、自分が自分をどう思っているか。「自己評価」とか「アイデンティティ」といってもいいかもしれません。

人はみな、私はこういう服を着ます、こういう発言をします、こういう行動をします、こういう能力があります、お金はこれくらい持っています、こういう人を好きになります、というように、あらゆる面で「私はこういう人です」というセルフイメージを抱えています。そして**意識的・無意識的にかかわらず、そのイメージを実現しようとする**のです。

例えばあなたの周りに、登山やキャンプなどが好きで、アウトドアをしない普段の日でも、アウトドアに行くような恰好を好んでする方がいませんか？　それはその人が、自分では意識しなくても、「自分はアウトドアが好きだから」というセルフイメージに合わせているということ。

「私は派手な顔だから控えめなメイクにしよう」とか、「赤い服は似合わないから、青い服を着よう」というようにするのも、セルフイメージで行動を決めているんです。

人には**「この範囲だったら安心で快適」と感じる領域、いわゆる「コンフォートゾーン」**があります。セルフイメージにもコンフォートゾーンがあり、今までとイメージを変えてその領域を出ようとすると不安を感じるため、なかなか変えたくないと無意識では思っています。

けれども、もし今よりも良くなろうと思ったら、今持っているセルフイメージを外して、そこからもっと上げていくことが大事です。

仮に、自分のセルフイメージを上げて「私はＶＩＰ待遇を受けて当たり前だ」というような態度でお店に入ったとしましょう。するとお店の人も、その雰囲気を感じてＶＩＰ対応してくれるわけです。

健康で当たり前、お金にも困らないのが当たり前、人間関係やパートナーシップもうまくいって当たり前、というようにセルフイメージを上げたら、実際にそうなっていきます。「私は強運の持ち主だ」とか、「私はどんなことも乗り越えられる人だ」というのも一つのセルフイメージです。そういうイメージを持てたら、本当に何でも乗り越えられて開運体質になります。

「私は強運の持ち主だ」と思っている人は、目の前に起きたことを「嫌だな」と一時的に思うことがあっても、「強運な私にとって悪いことが起きるわけがない。どうせ大したことはない」と思って深刻にならずにすみます。そして冷静に合理的な解決策を見つけることができるのです。

反対に「私は運が悪い」というセルフイメージがある人は、小さなことでも「やっぱりうまくいかないんだ」と深刻に受け止めてしまい、挑戦する気を失って、可動域を狭めてしまうのです。

「自己重要感」はセルフイメージを上げるカギ

セルフイメージを上げるためには、自己重要感を高めること。つまり、自分のことを好きになり、自分を大切な人間だと思うことです。もしあなたが**「私は大切な人間だ」と思ったら、それが言動に表れ、周りの人もあなたを大切に扱ってくれるようになります。**

それでうまくいくということが繰り返し起こると、「やっぱり私は価値がある人間なんだ」というセルフイメージが無意識領域にどんどんインプットされていきます。**成功体験を重ねることで、セルフイメージが自然と向上する**わけです。

ここで大切なのが、実際に言動に表すこと。「自分は価値のある人間だ」と頭では思っていたとしても、実際にやっている行動が自分を大切にしていないのなら、成功体験にはなりません。思っていることとやっていることを一致させることが大切です。

成功体験がないと、無理やりポジティブシンキングで「私は大切な人間だ」と思い込もうとしても、「現実は違うじゃないか」と無意識が否定してしまいます。


ありがちなのが、人との約束は守るのに、自分との約束は守れないというパターン。「今日は夕方から映画を観に行こう」「買い物に行こう」と決めていたのに、急に残業を頼まれたとしましょう。

それがもし友達との約束なら「今日は約束があるので無理です」と断れるのに、自分との約束だったら「すいません、今日は約束があります」と断れない人が多いんです。

そうやって自分を後回しにしていると、**「自分は約束を守る価値がない人間」とインプットしているのと同じこと**になってしまいます。

無意識や宇宙銀行、霊界には否定形が存在しない

無意識の領域に関して、もう一つ大切なポイントは、**否定形を使わない**ということです。無意識には否定形がありません。

よく出される例ですが、「ピンクの象を想像しないでください」と言われると、脳はピンクの象を想像してしまいますよね。「食べてはいけません」と言われると、食べている姿が頭に浮かびます。

否定だけではなく、「していいですよ」も無意識では「しなさい」と言っているのと同じ。「リラックスしていいですよ」と言った場合、相手にとってはまずリラックスのイメージが浮かび、リラックスしないという選択をするのが難しくなります。

ということは、「想像しないでください」も「想像してもいいですよ」も「想像しなさい」

と命令しているのと同じことになるのです。

そうすると、「太りたくない」と思っていたとしたら、脳は一度太った姿を想像してしまう。その想像した姿がセルフイメージに入り込み、実現するほうに動いてしまうのです。

したがって、もし子どもに「ゲームばっかりやってないで、勉強しなさい」と言えば、もっとゲームがしたくなり、「勉強してからゲームしようね」と言えば勉強をするようになります。

否定形がないのは、無意識につながっている霊界や、宇宙銀行といった見えない世界もすべて同じ。ということは、「○○は嫌だ」と願えば、脳に対して「○○にしてほしい」とインプットしているだけでなく、霊界や宇宙銀行にもお願いしているのと同じことになるのです。

例えば「独身でいたくない」と思えば「独身でいたい自分」というセルフイメージが作られます。それを強く願えば願うほど、宇宙などの見えない存在に対して大きなエネルギーを発することになります。すると宇宙はそのイメージをキャッチして、「そうか、この人は独身でいたいんだな。ならば独身のままにしてあげよう」と願いを叶えてくれるのです。

ですから、**何かを願うときには否定形でなく、肯定形にすることが大切**なのです。

ポジティブな言葉しか現実を変えられない

願うとき以外でも、自分の状況をネガティブにとらえて口にすると、脳はネガティブな状況を実現しようとします。「自分は貧乏だ」と言ったら、脳は無意識に「その言葉を嘘にしてはいけない」と思う。そして言ったことを実現しようとして、お金が入ってもなぜか浪費したりして、貧乏にしてくれるのです。

また、「自分は太っている」と言っていたら、脳は自分を嘘つきにしたくないと思うので、太らせてくれます。

とくに日本人は謙遜を美徳と思っている人が多いのですが、謙遜するとポジティブなことを否定して、ネガティブなことを言ってしまいますよね。

例えば「美人ですね」と言われて「そんなことないですよ。私もうおばさんだし」と言ってしまえば、セルフイメージにも「おばさんの自分」がインプットされ、本当におばさんになるようにがんばろうとします。そのうち、本当に顔にしわが増えたりしてしまうかもしれません。

ですから、褒められたときはなるべく**謙遜しないほうがいい**。

「ありがとう」「そう言っていただけて本当に嬉しいです」というように素直に喜んだり、「あなたもここがすごいですね」というように褒め返したりすれば、相手も喜びますよね。

もし謙遜してしまったら、1回につき10回自分の中でセルフイメージを上げるようにしてみましょう。

不安を持って痛みを避ける本能がある人間は、どうしてもマイナスの方向に意識を向けがち。けれど不必要にマイナスに考えるのはやめて、プラスのイメージを増やし、それを口にするだけでもどんどん強運になっていきます。

過去も他人も変えることができる「脳の使い方」

よく「過去と他人は変えられない。変えられるのは自分だけだから、自分が変わりましょう」という話がありますね。けれども、**過去も他人も、本当は変えることができます。**

過去というのは、基本的に自分の認識が変われば変わります。起きた出来事自体は確かに変わらないとしても、自分の中での意味付けはいくらでも変えることができるということです。

とても嫌な出来事があって、昨日まで嫌な気持ちだったとしても、今日とてもいいことが起きて充分満たされた気持ちになったとしましょう。その状態で過去の嫌なことを振り返ってみると、「もう終わったことだ」と思えて、すっかりどうでもよくなっていたりするのです。このように過去のことが気にならなくなるというパターンもありますし、さら

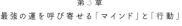

に「あの過去があるからこそ今がある」と思えるパターンもあります。失敗した経験があっても、その経験を生かして次に成功できたら「あの過去のおかげ」と思えますよね。

私の例を紹介すると、過去に集客を何とかしたいと思ったときに、500万円ぐらいのシステムを購入して大変な目に遭ったことがありました。

いざ使ってみてもまったく効果がなく、そのシステムの会社に「もうやめたいから、支払った期間の残りの分は返金してほしい」と言ったら、「契約書には効果は保証しないと書いてあるから返金できない」と言われてしまったのです。

契約前に担当者が「ちゃんと効果が出るように面倒見ますから」と言っていたのに、まったくそんなことはありませんでした。結局、お金は戻らず、しかもその購入資金も借りたものだったので、返済をしなくてはいけません。そこで必死に集客を学んで、どんどん実践し始めました。

その結果、マーケティングの手法を深く学ぶことができ、自分で独自に学んだ方法を駆使してある商品を開発したところ、半年で2000万円ほどの収入を得たのです。

それまで500万円使ったことをさんざん後悔して、ちゃんと契約書を確認しなかった自分を責める気持ちもありましたが、この収入が入ったときに、**過去のことはもうどうでもよくなりました。**しかも、損をして必死になったおかげで収入を得ることができた、あの出来事のおかげだ、という気持ちにもなれたんです。

私のクライアントでも、何度も夫からDVを受けて、離婚してシングルマザーになった、というような方がいらっしゃいます。

そのような方も、セッションでさまざまな気づきを得て、新しく素敵な旦那様と出会って幸せな家庭が築けたりすると、もう過去のことはどうでもよくなってしまう。しかも、「離婚できたおかげで今の夫と出会えたんだ」というように、過去の出来事に感謝できるようになる方も少なくありません。

このように、今が充実しているから過去の嫌なことはどうでもいいと思えたり、過去の嫌なことがあったから今があるんだと思えたりするのが、過去を変えるということ。**嫌な過去を良いものに変えたとき、運も上がる**んです。けれども、「過去なんて絶対変えられるわけがないじゃないか」と思い込んでいると、**無意識も霊界も宇宙銀行も「この人は変えられないのが好きなんだな、じゃあ変えられないようにしてあげよう」となってしまう**んです。

「過去」は幻想と同じで曖昧かつ実体がないもの

もう一つ、過去に関していえるのが、「時間というのはずっと流れていて、今しかない。だから過去はもうどこにも存在しない」ということ。

過去というのは、記憶にあるだけの幻想なんです。旧友と思い出話をしたときに、同じ場で同じ体験をしたはずなのに「そんなことあったっけ？」とお互いの記憶が食い違っていることはありませんか？　また自分にとっては嫌な思い出として残っているのに、友達は楽しい出来事だと覚えていた、なんてこともありますよね。同じ体験をしても楽しかったこととして記憶する人もいれば、最悪の出来事だと記憶する人もいるのです。

誰もがすべて自分に都合のいいフィルターで、都合のいい意味付けをして、都合のいい解釈をしたものを記憶する。だから**自分と他人とでは記憶に残ることが違う**のです。

そして私たちは他人のことも過去の記憶でとらえていますから、過去の記憶が変えられるなら、他人がどんな人だというとらえ方も変えられます。だから**「他人は変えられる」**が正しいのです。

また、**他人というのは自分が変わったときに変わります。**なぜなら私たちは人間関係において、バランスを無意識に取り合っているから。例えば、今はAさんとBさんが同じくらいの力で支え合っているのに、Aさんが Bさんに興味がなくなって引き気味になったとしましょう。そのときBさんがバランスを取るために、Aさんに押し気味になるんです。

またAさんがBさんに尽くして何でもしてあげて、Bさんが偉そうになったとしましょう。そこでAさんが「やっぱりあなたに尽くすことはない」と言ってBさんに何もしなくなったりすると、Bさんは「そんなこと言わないで、お願いします」と下手に出たりするようになるのです。

やがて片方が重くなりすぎたら、バランスが崩れてしまい、関係が解消されることもあります。バランスを取るのは精神面だけでなく、その表現として行動にも表れますから、自分自身の行動も変わって、他人の行動も変わるんです。自分のとらえ方次第で、まったく違う世界が作れるというのは、人間関係も同じなのです。

行動するほど運気アップ！
受動的な態度がチャンスを逃す

うまくいかない人は、そもそも受け身になっているという場合もよくあります。

受け身の一つが、自分のことを自分で決めずに、人の意見をうのみにし、人に判断を委ねるというパターンです。

例えば、「この人と結婚していいですか？」と占い師さんに聞いたら「その人は相性がいいから結婚したらいい」と言われて、「占い師さんがいいって言ったから」と結婚を決める人がいます。それは自分の行動基準を他人の判断に任せているということ。

判断するときにまず問いかけてほしいのは**「自分は誰の人生を生きているのか？」**ということ。親が「ここに就職しなさい」と言ったらそこに就職する、「この人と結婚しなさい」と言ったらその人と結婚するのだったら、親の人生を生きていることになるわけです。

自分の人生を自分で生きたいなら、自分の意思で決めることです。

また、自分から何も行動しないで、待っているだけという受け身のパターンの人もいます。

占い師さんに「結婚できますか?」と聞いて、「あなたは来年恋愛運がいいから、結婚できますよ」と言われて喜ぶだけで、何もしないで待っている人です。そういう人はいくら運が良くても、結局結婚できない可能性が大です。

もし私のところに「来年結婚できますか?」と相談に来る人がいたら、「今と同じことをしていたら、多分来年の今頃も同じことを言ってるでしょうね」と答えます。

自分で動かずに、ただ口を開けて上から落ちてくるのを待っていても、いつまで経っても何も入ってきません。

占いを「今はいい時期みたいだから、マッチングアプリを始めてみようかな」というように、自分の行動を変えるきっかけにするならいい。けれど、いくら結婚運のいい時期だとしても休みの日にずっと家にいて、配信サービスで海外ドラマを見ていたりしたら、出会いのチャンスはありませんよね。見ず知らずの結婚相手がいきなり「ピンポン」と玄関にやってくることはありません。

受け身でいるというのは、一番運を逃す行為です。望みを叶えたいなら、能動的に動きましょう。「自分がこうなりたいから、こういうところに行ってみよう」と決めて行動しているうちに、望みを叶える道筋ができてきます。

人間には不安という防衛本能があるという話をしましたね。そのために無意識は「今までと違うことをしたら、何が起こるかわからないけれど、今のままなら明日も生きられる」と現状維持をしようとします。

無意識にとっては変わらないほうが安心なのです。だからスキーがいくら楽しそうでも、骨折しないように行かないほうを選んでしまう。意識では「結婚したい」「もっと収入を増やしたい」と思っていても、自分で「こうしよう」と決めて能動的に動かないと、無意識に、できるだけ何もせず、何も起こらないようにされるのです。

「自分の責任」ととらえた瞬間、結果をコントロールできる

能動的に生きているかどうかにも関係するのですが、自分に起こることは自分の責任にする、というのも開運のポイントです。

災害とか、病気が流行るといった社会的なことに対しては、自分のせいだと必要以上に思わないほうがいいのですが、自分が関係して起こることに対しては、自分に原因があると思ったほうがいい。

試験に落ちた場合に、あなたは「自分が合格基準まで学ぶことができなかったからだ。勉強不足だった」と自分を原因にしますか？　それとも、「電車が遅れて、時間に間に合わないと焦ったから覚えたことがすべて飛んだ」「今年は受験する人が多くて倍率が上がったからだ」と環境や他人のせいにしますか？

もし自分の勉強不足だったら、「じゃあ、次はもっと勉強しよう」というように対策が取れますよね。

つまり**「原因は自分にある」というのは、自分が結果をコントロールできる**ということ。それが非常に重要なんです。

反対に、うまくいかなかったのは他人のせいだ、世の中のせいだ、天気のせいだ、と自分以外のもののせいにしてしまうと、「自分には結果をコントロールするだけの能力がない」と無意識に刷り込んでいるのと同じことになるのです。

その違いだけで、自分で運を切り拓くことができるようになるか、人任せで流されるようになるかが変わってしまいます。

成功してお金持ちになったり、豊かで幸せに暮らしたりしている人というのは、自分以外のもののせいにはしません。うまくいかなかったら自分の中の何が原因なのかを探って、それを改善していくという作業をし続けているのです。

うまくいくときは一定のパターンや決まった波動がある

このように、成功する人としない人では考え方や行動のパターンが違います。波動やエネルギーにも、うまくいく人にはうまくいくパターンがあり、うまくいかない人にはうまくいかないパターンがあります。

霊的な影響についても、受けやすい人には受けやすいパターンがあり、受けにくい人には受けにくいパターンがあります。

イライラしている人は、イライラした波動になっています。脳波を測ってみたら、おそらく穏やかな状態ではないはずです。表情もそうですし、体の動かし方も、言動も、声のトーンなどもイライラしたときのパターンになっています。

またイライラしやすい人は、栄養の乏しいジャンクフードを好んで食べるなど、食生活のパターンも穏やかな人と違います。

そういうふうに、すべてにおいてパターンがあります。怒っているときには怒っているときのパターンがあり、喜んでいるときには喜んでいるときのパターンがあるのです。

裕福な人、健康な人、愛情に恵まれている人にもパターンがあります。

豊かで幸せそうな人の場合は、健康に気を使っている。食事にも気を使うし、適度に運動して、ちゃんと休息も取り、お酒やタバコも無茶にやらない。あまりおかしな生活習慣をしないというパターンがあります。

体にしても、うまくいっている人は背筋がすっと伸びて、呼吸も深くリラックスしているのに対し、うまくいかない人は猫背になって、呼吸も浅くて、どこかおどおどしています。

「うまくいっている人」に敵ができないワケ

うまくいっている人は、コミュニケーション能力が高いというパターンもあります。
コミュニケーション能力というのは、自分の思っていることを相手に上手に伝えられて、なおかつ相手が本当に思っていることをちゃんとくみ取れることです。

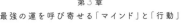

本当は欲しいのに遠慮して「いらない」と言う人がいますよね。そのように相手の言っていることと思っていることが違っていても、「本当は欲しいんだな」と気がつけるのがコミュニケーション能力の高い人です。

また、コミュニケーション能力が高い人は、質問の能力も高いもの。相手が「タバコをやめたいんだけど、みんなやめられないよね」と言ったら、「みんなって誰?」と聞いて、「あの人とあの人とあの人」と答えたら「3人ぐらいだよね。やめてる人もいるよね？」というように話を明確にしてあげられます。

そういうコミュニケーション能力が高い人は、周りにも「すごく勘がいいな」と思われて好かれます。敵を作りにくく、仕事も円滑になり、無駄な時間を使わなくてすむ。だからうまくいっているのです。

一方でコミュニケーション能力が低い人は、会話がスムーズに運ばず、多くの人に「何だかこの人とは合わないな」と思われてしまいます。だから短期的にはうまくいくことはあっても、長続きしないことが多いのです。

すべてにパターンがありますから、うまくいく人とうまくいかない人をいろいろな面から見ていけば、違いがわかるはずです。もし自分がうまくいっている人になりたかったら、うまくいくパターンに行動を変えていけば、状況も変わります。

幸せな結婚生活を送っている人、起業して成功する人など、うまくいっている人をよく見ていると、どういう服装を好むのか、どういう言葉を使うのか、どういうことをしているのか、どういう視点でものごとを見るのか、何に気をつけるのか、共通点がわかるはず。小さなことでもいいので、**成功している人たちと同じように行動すればいい**のです。

気がついたときに呼吸を深くして、姿勢を正してみる。それを繰り返すだけでも、だんだん習慣化してきて、姿勢がいいほうが当たり前になるかもしれません。

姿勢が良くなったら、周りからは堂々として見えるし、体調も良くなり、頭もよく働いて、だんだん運が良くなっていきます。

今までご説明してきたように、**うまくいく人は能動的で自分の責任にする、うまくいかない人は受動的で人のせいにする**というのも大きなパターンの違いです。

もし何かあったときに人のせいにしてしまっている自分に気がついたら、自分の中にある原因を探ってみて、対応できることを能動的にやっていくというのも大事なポイントです。

「引き寄せ」も「鏡の法則」も行動してこそ発揮される

自己実現の方法としては、「引き寄せの法則」や「鏡の法則」などが有名ですね。実はそれらにも、**能動性が問われる**のです。

鏡の法則というのは、「人は自分の映し鏡だ」というように思われていますが、「人は自分の中に自分の世界観があって、それを現実が映し出している。現実は自分の世界観の通りになる」という意味があります。

したがって「自分に責任がある」という世界観があれば、主体的に動けて、本当に自分が結果をコントロールできるようになるし、他人のせいにしていたら、受動的になって、本当に自分ではコントロールできなくなるということになります。

引き寄せの法則は「強くイメージすれば望みが叶う」というものですが、多くの人が「願えば向こうからやってきてくれるものだ」と受動的にとらえています。

しかし現実には、**ただ強く思うだけではなかなか実現しません。**仕事を見つけたいと強くイメージしても、社会と接点を作らず、ずっと家にいて何も行動しなかったら、なかなか実現しないですよね。海外旅行をしたくてイメージして家にいても、外国が家にやってくることはありません。

この現世は物質の世界ですから、見えない世界とは違って**物質化までのプロセスが必要**です。そのプロセスは自分で動いて作らないと、勝手に世界は動きません。願いがあったら、叶えるための努力をしたり、行動をしたりして働きかけることが大切なのです。

オリンピックに出たいと強く願ったら、自分で日々コツコツ努力することが不可欠ですよね。良い方法を学んで実践し、その上でオリンピックに出ている自分をイメージしたりといった努力を積み重ねているうちに、良い指導者に巡り合ったりして実現が近づいていく。それが引き寄せるということです。

私自身も、何もしないで強く願ったりイメージしたりしたらどうなるか、実験したことがあります。その結果、収入を増やしたいと願うだけで何もアクションを起こさなかったときはまったく変化がありませんでしたが、今までと違う収益方法を試すという行動に出たら、収入が驚くほど増えました。

また「本を出したい」と願うだけだったときは何も起きませんでしたが、本を出版するにはどうしたらいいか学んで動いていたら、まったく別のところから出版の話が来たこともありました。

受動的に待っていたらダメなわけではないけれど、それだけだと実現しにくい。**行動することが本当に大事**だとわかったのです。

エネルギーの大きさと比例して成功率は上がっていく

引き寄せがどれだけできるかは、その人のエネルギーの大きさに比例します。エネルギーが大きい人は、行動範囲を含めた可動域が広いため、人脈やお金なども自然と揃えやすくなります。結果、願ったらすぐに実現しやすいのです。

引き寄せるためのエネルギーを細かく見ていくと、次のように分類できます。

エネルギーの総数＝労力×時間×情熱×お金×人数

労力というのは、自分がその願いを叶えるために使った労働力です。

時間とは、祈っている時間ではなく、その願いに対して努力していたり調べたりなど、物理的に何かしている時間です。一日8時間取り組むのと1時間取り組むのでは、当然実現までの速度が違ってきます。

情熱は、「やる気」によって変わる気持ちの注力度と集中力の度合いです。「絶対やるぞ」と思うときと、「できたらいいな」と思うときでは、労力の中でどれだけ気持ちを込めているか、何％集中しているかが違いますよね。労力や時間をかけても、気持ちが入っていない、気持ちが弱いときはエネルギーが減ります。

お金というのは、その結果を生み出すために払う費用です。例えば資格を取るなら、勉強するためにお金を払って本を買ったり、教室に通ったり、プロに習ったりしますよね。インターネットで得られる情報はタダかもしれませんが、お金を出してスペシャリストに学べば一番良いやり方を教えてくれるので、そのほうがずっと効率的です。

また勉強以外のことを人に頼んだり、機械化させたりして、そのぶんの時間を取る、パソコンなど効率化させる道具を買う、疲れを取るために整体に行って体をほぐしてもらう、といったことに払ったお金も含まれます。

人数は、1人でやっても良いのですが、できることならチームでやりましょう。取り組む人が5人いたら5倍の速度で進むかもしれません。例えば一軒家なら、時間をかければ1人で建てられる人もいますが、大きなビルを建てるのは1人では無理ですよね。でも100~200人の職人さんがやれば、半年ぐらいで建てられるかもしれません。

それだけ大きな願いを叶えたいのであれば、たくさんの人に協力してもらったほうがいいということ。お金を人材に投資するというのも一つの方法だと思います。

このように、エネルギーの総数が多ければ多いほど、大きな願いが叶えやすくなったり、早く叶ったりします。引き寄せというのは物理的な「引力」と同じようなもの。エネルギーが大きければ大きいほど引っ張る力が大きくなりますよね。だから引き寄せにはエネルギーがとても重要なんです。そしてその**エネルギーは自分の行動次第でどんどん増やしていくことができる**のです。

反対に、受動的に待っているだけの場合、どんどんエネルギーの総量は小さくなり、願いがなかなか叶わなくなってしまいます。実際に成功している人というのは、能動的に動き、必要なお金もかけ、強い信念を持って努力もしていますし、応援してくれるスタッフや仲間にも恵まれています。

ときにはツーステップ踏んで行動し状況を変えてみる

行動することが大事な理由の一つは、自分が思ったことを行動に移せば結果が出て、その結果を見て次の方法を考えられるからです。

結果が自分の期待通りのものでなかったというのは、「こうやるとこういう結果が出る」というのが一つわかったということ。

Plan（計画）→Do（実行）→Check（評価）→Action（改善）というＰＤＣＡサイクルの考えと同じで、うまくいかなかったら、やり方を変えればいいんです。言葉では簡単なことですが、実際には、同じことをやり続けながら望む結果が出るのをずっと待っている人が非常に多いんです。でも同じことをやっても、同じ結果にしかなりません。

よく私はそういう方に、「あなたはうまくいかないやり方のプロですね」と言います。

恋愛でも、何回相手が変わってもいつもうまくいかないという人がいます。それはうまくいかないやり方を変えずにずっとやり続けているからです。

そういう人はいつも同じようにうまくいかない相手を選びます。例えば働かない相手とか、浮気する相手ばかり好きになっていたら、苦労するのは当たり前のこと。

ですから、**まず相手を選ぶところから変えないとなりません。**「気持ちが重すぎる」と振られてばかりいた人が、「重くても気にならない」という人を選んでお付き合いしたら順調に進むようになったというようなこともよくあります。

選ぶ人を変えたいなら、出会うところを変えてみるという手もあります。

例えば、お金持ちの人と結婚したいと思う女性なら、お金持ちの多くがすることをやってみたり、お金持ちが集まる場に行ったりするのもいいと思います。飲みに行くなら高級なホテルのバーに行ってみるとか、お金持ちの集まるエリアに行ってみる。ゴルフ用品を買って、ゴルフを始めるのもいいでしょう。

平日の昼間にゴルフ練習場に行ったら、お金持ちの男性が話しかけてくれることもありますから、その人の友達の輪に入って、「独身のいい男性はいませんか?」と聞いてみたら、誰かお金持ちの人を紹介してくれる可能性もありますよね。

最近なら、ソロキャンプに行くというのもいいでしょう。キャンプ道具は、こだわればこだわるほどお金がかかるもの。タープやテントのブランドを見れば、お金に余裕があるかどうかもわかるかもしれません。

また、キャンプのいい点は、「道具忘れたので貸してもらえませんか?」とか、「ご飯作りすぎたので、食べませんか?」というように気軽に声をかけられることです。

良さそうな人だと思って声をかけても、話しているうちに何か違うと思ったら、友達として付き合うこともできます。いきなり恋愛に発展しなくてもいいんです。

そういうふうに視点を変えて、ワンステップの婚活ばかりではなく、ツーステップぐらいの行動に変えてみたら、やがてうまくいくかもしれません。

とくに、今まで友達とばかり行動していた人だったら、一人でゴルフに行ったり、一人でキャンプしたりすることで、出会いのチャンスがぐっと増えます。

ベストを尽くした後は霊的な対処が功を奏す

このように、もし今うまくいかないなら、視点と行動を変えてみましょう。まずは自分のできる範囲で、精一杯現実的な対応をすることが大切です。

もし何度かパターンを変えても、どうしても結果が変わらないなら、それはもしかすると、霊的な問題かもしれません。つまり、霊障を受けていて、自分が望んだ方向に行こうとしても、霊的な存在が邪魔をしてうまく進まなくなっているということです。霊障に対しては、霊的な対処法を取ることが改善の近道です。

ただ、その前によく考えてほしいのが、**本当に自分の行動が目的と合っているかどうか**です。

自分の行動が望みを叶える方法になっていないのに、うまくいかないのを霊障のせいにしている例もたくさんあります。自分のせいにしたくなかったり、自分が悪くないと信じたかったりするから霊のせいにするのでは、どんなに除霊したとしても運気は上がりません。

例えば、「自分が結婚できないのは色情因縁のせいだ」と言っている人の話をよく聞くと、出会うチャンスをまったく作っていなかった、といった場合もよくあります。

その人が霊能力者に除霊してもらったとして、それを新しい行動のきっかけにすればいいのですが、何も行動を変えなければ、結婚できる可能性は限りなく低いままです。

また、霊に憑かれやすい言動をしていたら、それを変えないと、除霊をしても別の霊に取り憑かれることもあります。

ですから霊的な対処法を取るときでも、自分で自分の言動を変えることを忘れないようにしてください。

第4章

「セルフ除霊」をマスターして思い通りの未来をつくる

霊障を受けにくいエネルギーに満ちた体になるには？

霊の影響を受けるか、また運を引き寄せられるかどうかは、その人のエネルギーの大きさに依存するとお伝えしましたが、それは相対的に霊のエネルギーよりも自分のエネルギーが小さいと影響を受けやすくなるからです。

誰かが同じ力で人の腕を叩いたとしても、細くて肉も少ない腕の人にとってはものすごく痛く感じる。けれど肉がついていてがっちりした腕の人にとっては、痛くもかゆくもない、というようなものです。

また体格が大きい人は、小さくてか細い人が襲いかかってきても、あまり怖く感じないはず。しかし自分よりも圧倒的に大きなプロレスラーのような人が襲いかかってきたら、恐怖を感じると思います。

したがって、エネルギーが大きい人は自分よりエネルギーの小さい霊からの霊障を受けず、反対に小さい人は自分より大きいエネルギーの影響を受ける。圧倒的に大きい人だったら、ダメージはほぼありません。

とくに生霊の影響を受けにくくしたいなら、**エネルギーを大きくしておく**しかありません。死霊や貧乏神などは自分が波長を合わせなければ避けられますが、生霊は波長に関係なく、他人がどう思うか次第で飛んでくるからです。

エネルギーを大きくすると、そのぶんキャパシティも大きくなり運の引き寄せ力も高まってきます。

エネルギーを大きくするには、体を良い状態にしておくことがとても大切。良い状態にするには、この章でご紹介するようなことを心がけてください。

姿勢を良くするだけでエネルギーがどんどん大きくなる

前述したように、霊障に悩まされるのは一様に姿勢の悪い人です。とくにスマホ首のように首が前に出ていると、自分のエネルギーが弱くなり、霊のエネルギーもそこからどんどん入ってきます。

正直に言いますと、**姿勢を良くするだけで霊障はほぼ受けない**だろうと思えるくらいです。体の状態は骨の位置によって左右され、真っすぐ立ったときに頭の重さが分散されるのがベストです。骨の位置がずれていると、エネルギーが滞り、体が弱くなる。そして霊障も受けやすくなり、何事もうまくいかなくなるのです。

頭の重さが真っすぐ足の裏にかかるような状態で胸を開いて、深く息ができるようにすると、エネルギーが体をよく巡るようになって、どんどん大きくなっていきます。胸を張っている人は、外見も強くて自信がありそうで、攻撃しづらい雰囲気があるのもポイント。

私のところに除霊に来られる方はみなさん同じように姿勢が悪くなっているので、「うまくいかないようにしたいなら、背中を曲げて、肩を内側に入れて、首を前に出し下を見て、呼吸を浅くしてください。100%うまくいかないですから」といつも言っているくらいです。

デスクワーク中でも、ときどき肩をぐるぐる回して、胸を張り、肋骨が少し出るよう意識するといいでしょう。首が伸びて、呼吸も深くなります。それだけで一気にエネルギーが強い状態に変わりますよ。

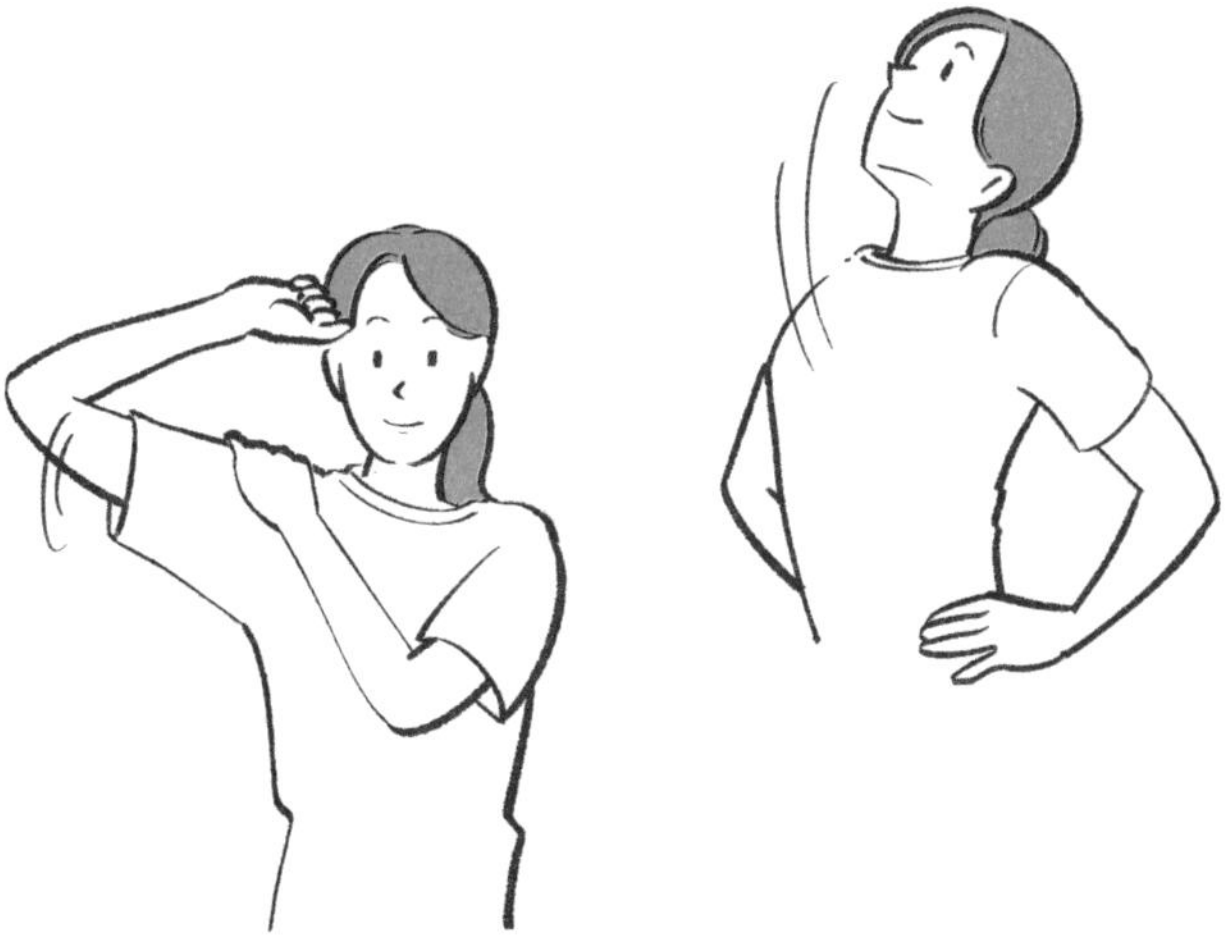

自律神経のバランスを整えて心身を強化

私たちの自律神経は起きているときは活発に動けるように、緊張感をもたらす交感神経優位になります。

睡眠時や休息を取っているときはくつろげるように、心身を弛緩する副交感神経が優位になります。

そのバランスが崩れると、体が弱くなり、病気にもなりやすいといわれます。バランスは生活の乱れにより崩れるので、なるべく**質の良い睡眠、食事、運動を心がけることが大切**です。

緊張状態が続いている方は、交感神経優位が続きやはりバランスが崩れるので、リラックスする習慣をつけましょう。**マッサージやお灸なども効果的**だといわれています。

筋肉量を増やして代謝・体温を高める

筋肉量が増えると、代謝が上がり、体温も上がってきますよね。するとエネルギー状態も上がるんです。また筋肉をつけることにより、エネルギーの入る器も大きくなります。

筋トレをするなら胸を広げたり、足腰を鍛えたりする動きが良いでしょう。**エネルギーを大きくすることを意識しながら行うと、より効果的です。**

ただ、スポーツをしていて筋肉があり、代謝が良い人でも、姿勢が悪くて霊障を受けてしまうことがあります。一番大切なのは、**骨の位置を整えることだと心得てください。**

丹田を意識してエネルギーを全身に巡らせる

「丹田」とはおへそから5センチほど下にあるエネルギーが溜まるところで、「臍下丹田《せいかたんでん》」ともいいます。昔からここが体の中心だといわれ、**気を蓄積し体中に流す**といわれてきました。

「肚《はら》が据わる」の肚もこの丹田のこと。丹田が鍛えられてエネルギーが大きくなると、度胸がついて動じなくなり、霊の影響も受けにくくなります。

丹田の強さと人格はまったく関係がなく、丹田を鍛えたら人格も上がる、といったことはありません。けれどもエネルギーは大きくなり肚も据わるので、流されやすい、気が弱い、影響力がないといった悩みがあるなら、丹田を鍛えると効果的です。

政治家や社長などで、自信家で態度も大きく、威圧感のある人には、丹田が強くてエネルギーが強い人が数多くいます。

逆に丹田が弱かったら政治家は務まらないというくらいです。

鍛えるならまず、**丹田を意識することです。**そのためには、気功や太極拳といった腹式呼吸をする動きがいいでしょう。

また女性の場合は、妊娠してお腹に赤ちゃんがいる間、お腹を意識したり、触ったりしますよね。この動作で丹田も強くなります。たくさんお子さんを産んだお母さんは、それだけでかなりエネルギーが強くなっているんです。

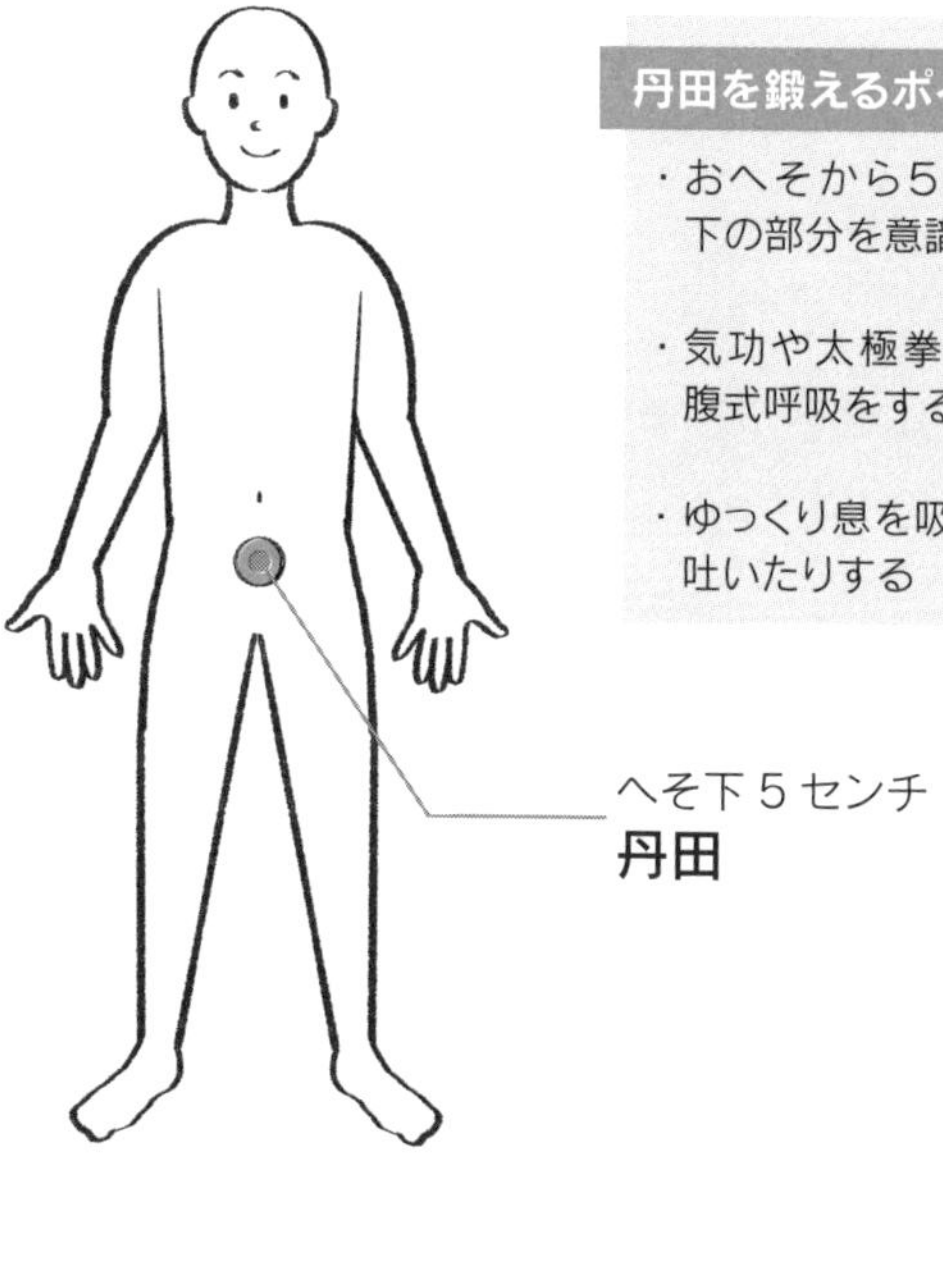

丹田を鍛えるポイント

- おへそから5センチ下の部分を意識する
- 気功や太極拳などの腹式呼吸をする
- ゆっくり息を吸ったり吐いたりする

真に受けず客観的にとらえると霊障を受けにくくなる

霊が憑いている人はたいてい攻撃的でイライラしていますから、近くにそういう人がいると何かきついことを言われたりすることもあるかもしれません。人間関係全般にいえるのですが、誰かに嫌な言葉を投げかけられたときに、それを真正面から受け止めてしまうと、ものすごくダメージを受けますよね。

真正面から受けるとは、例えば誰かが自分に「お前、使えない奴だな」と言ってきたときに、「私ってダメな人間かな」と落ち込んだり、「うるさいな、何言ってるんだこの人。全然そんなことないのに」と腹を立てたり、「この人って怖いな」とおびえたりすること。

つまり真に受けている状態です。

真に受けると、相手とチャンネルが合いやすくなります。しかも相手に言われたことを深く考えたところで、結局自分にできることは限られていますから、なるべく真に受けないようにして、**うまく受け流すことが大切**です。

真に受けないためには、**第三者的に、客観的にとらえる**ようにしましょう。「へえ、この人はそういうふうに思ってるんだな。でもそれはこの人の価値観だよな」とか「この人の真意は何かな」「いつもよりもイライラしてるみたいだな」「この人は変わってるからな」というふうに、事象と感情を切り離して、第三者的な視点になると、悩んだりしないですみます。

もし赤ちゃんが生まれたばかりだったら、泣かれたりすると動揺してしまうかもしれませんが、慣れてきて客観的にとらえられるようになると、「おむつを替えよう」というように冷静に対応できますよね。同じように上司が口うるさく指示してきても「また言ってるな」と感情的にならずに、言われたことを客観的に処理できるようになるのです。

相手が自分を攻撃してきたとしたら、無関心ではいられませんし、感情的になるのはしょうがないのですが、**そんなときは一呼吸おいてみましょう。**落ち着いたら、客観的に考えて冷静に対処していけばいいのです。

ネガティブなエネルギーをどれだけ受けるかは、意識をどこに向けるかによって大きく変わってきます。もし誰かに攻撃されたとしても、意識をそらすことができたら、深刻に受け止めなくて良くなります。

例えば仕事に集中していたときに「昨日の晩ご飯は何を食べましたか？」と急に聞かれたら、仕事に向いていた意識がいったん途切れてご飯のほうに行きますよね。そのようにして**意識がそれると、つながりがパッと外れるんです。**

一度つながりが切れると、当事者から第三者へと意識が切り替わって、攻撃されたとしてもあまりダメージを受けません。

体の位置を変えるだけで相手の攻撃をかわせる

相手と近い距離で面と向かって話さなければいけないときは、**体をほんの少し斜めに向けること**のをおすすめします。相手に気づかれないくらいでいいのでいくぶん斜めを向いたら、それだけでエネルギーを流すことができるので、同じ距離でもまったく違います。これは真っすぐ正面を見て話しがちなオンラインミーティングでも効果的です。

相手からほんの少し体がずれただけで、真正面から受け止めずに攻撃をかわすことができるんです。突然何かものが飛んできたとき、真正面から受けると痛いけれど、体をよけたら当たらずにすみますよね。精神的にも攻撃を正面から受け止めるとエネルギーを受けやすくなるのです。自分にとって良いことなら正面から受け止めてＯＫですが、受けたくないことだったら流しましょう。

1分間のジャンプで嫌な感情を振り落とせる

笑ったり踊ったりと、楽しそうなことをやるのも、意識を変えるのにいい方法です。家でYouTubeを見ながら踊ってもいいですし、教室に通ってエアロビクスなどをやるのもいいでしょう。大きな音を聴いて、体を動かせば、気持ちを切り替えることができます。

手軽なのは、ジャンプすること。子ども用の小さいトランポリンなどが家にあれば、それで跳んでみることをおすすめします。外に出て太陽の光を浴びて飛び跳ねてみるとか、縄跳びをするのもいいでしょう。

普通、ジャンプをしたくなるのは、楽しいときですよね。だからこそ、**落ち込んでもジャンプをするだけで脳は「楽しいんだ」と思うようになる**んです。

嫌な気持ちになったとき、実はその情報を頭だけではなく体も覚えてしまい、体の記憶としても残ってしまうんです。それが短い時間でもジャンプすることで、体から振り落とされます。1、2分もやればすっかり抜けるでしょう。

体に嫌な情報を残さないことはとても大事です。体に情報が蓄積されると、再び甦ってきて、いつまでもぐるぐると頭の中を巡って抜けなくなります。もし嫌なことを思い出しそうになったら、またジャンプしましょう。少しずつ嫌な気持ちを切り離していくことができます。

とくにジャンプのいいところは、うなずくときと同じように頭が縦に揺れること。私たちの脳や体には、うなずきは肯定の意味だというプログラムが入っています。ですから**縦に揺れると肯定しているようないい気分になる**んです。

反対に横に頭を振るのは否定の意味だというプログラムがあるので、頭を横にばかり振っていると、脳や体が否定的な気分になることがあります。

気分が一瞬で変わる！「ちょっとした」方法

会社でデスクワークをしていたとしても、深呼吸したり、水を少し飲んでみたり、体を伸ばしたりと、ちょっとした動作を意識的に取り入れて気分を変えてみましょう。

嫌なことがあったら、顔を上げたり、笑顔になってみたりするのもいいです。口角を上げてにこにこしているだけでも、気持ちが上がってきます。

最初は楽しいふりだけだったとしても、そのうち脳も「今は楽しいんだ」と勘違いして、本当に楽しくなってきます。

また、疲れたときにお茶を飲んだりお菓子をつまんだりしたら、気分がパッと変わりますよね。ちょっとした行動ですが、一日の中で気分を切り替えたいときにぜひ取り入れてみてください。

生霊から攻撃されたら胸を張ってガードせよ

人から嫌な言葉をかけられるなど、相手に攻撃されていると思ったら、**胸を張って顔を上げ、にこっと笑顔になりましょう。**生霊の影響を受けにくくなります。

誰かから面と向かって攻撃されたとき、「嫌だな」とか「怖いな」と思っているとつい下を向いて呼吸も浅くなりがち。下を向いてしまうとダメージを受けやすくなります。電話で相手が怒ってきたり、苦情を言ったりしてくるようなときも、**胸を張って上を向いて、にこにこと笑顔で応答するのがポイント。**そうするとエネルギーが大きくなり、攻撃が自分の中に入ってこなくなります。

相手もこちらのエネルギーが大きいことを無意識に感じますから、だんだん怒れなくなるはずです。メールでも、攻撃を感じたら上を向いて口角を上げてみましょう。

私たちの心と体はつながっていて、感情的なときとそうでないときでは姿勢が違います。怒っているときは力が入って前かがみに、落ち込んだときは体も下を向いて肩をがっくり落とした姿勢になり、一方でリラックスして元気なときは姿勢が良くなります。

それは逆に、良い姿勢になったら気分が良くなるということ。怒りや悲しみなどの感情にとらわれてしまったら、**体を後ろに反らして天を仰ぐように上を向いて深呼吸しましょう。**するとリラックスし、その嫌な感情が抜けていって元気になるはずです。

反撃は逆に攻撃を受けやすくなるので要注意

「やり返してやる」と思うと、体が硬くなります。でも、**硬くなるとかえって真正面から受け止めてしまい、攻撃を受けやすくなってしまう**んです。そんなときこそ姿勢を良くして深い呼吸。**体がリラックスして、攻撃を受けにくくする**ことができます。

「人」という漢字を見ると、お互い寄りかかってバランスを取っていますよね。人間関係でも互いに嫌なことをしたりされたりして、受け止め合うことで成り立っています。嫌いな相手から腹の立つことをされたとしても、「仕方がないな」「困った人だ」と思って広い心で受け流しましょう。相手も余裕がなかったり、ミスをしたりすることだってあります。

反撃しないで、常に柔軟に構えて攻撃を受け流していきましょう。

テンションを上げればエネルギーも上がる

自分が落ち込んでいるとき、嫌なことを誰かに言われるとさらにへこんだりしますが、気分が高揚しているときや嬉しい気持ちでいっぱいのときは同じことを言われてもあまり気にならなくて、軽く受け流せたりしますよね。

それだけ、**気分がいいときはエネルギーが上がっている**ということ。エネルギーが上がれば霊的な攻撃も受けにくくなります。

気分がいいときは免疫力が上がるともいわれます。基本的に免疫力が上がる状態はエネルギーが上がる状態なのです。気分を上げるために、自分が喜ぶことを日々やっていきましょう。

基本的に自分が好きなことをするのが一番。第2章でご説明したように、普段使うものを自分のテンションが上がるアイテムで揃えるのもいいこと。

美容室やエステに行くのも良いでしょう。美しくなったとき、よりテンションが上がるからです。それで褒められたりしたらさらに嬉しくなりますよね。

そのほか、エネルギーが上がるのは、感謝する・される、愛する・愛される、笑うときです。

家の中の風通しを良くすると死霊や貧乏神は寄りつかない

自分の居場所を整えるということも大事です。とくに家は長く過ごす場所でもあり、リラックスして英気を養う場所ですから、とても重要。

家の中をいつも清潔にしたり、整理整頓しておいたりするのはもちろんのこと、風通しを良くすることもポイントです。

死霊や貧乏神のように、人にとってあまりありがたくない存在は、暗く空気が淀んでいるところ、湿気が多いところ、臭いがこもるところ、ほこりっぽいところが大好きです。

反対に、運を高めてくれる神様は、明るくカラッとしていて、空気が流れて、清潔で日当たりが良い場所を好みます。

ネガティブなエネルギーを避けて運気を上げたいなら、窓を開けたりしてこまめに空気の入れ替えをし、かびや雑菌が繁殖しやすい状態を避けるようにしましょう。サーキュレーターや空気清浄機で室内の空気を整えるのもいいことです。

北東や南西にトイレや水回りがあるのはダメだというように、方角を気にする方もいますが、**全体の湿度や温度がバランスよく保たれていれば方位は関係ありません。**

例えば北東は鬼門で、ここに台所があると女性が婦人病になりやすいと昔からいわれていましたが、それは北東が寒くなりやすく、冬は日当たりが悪くなるからです。けれども今の家では、冬も暖房でキッチンを暖かくできるので何も問題ありません。温度や湿度の差を感じるときは、サーキュレーターなどを使って空気を動かし、均一化しましょう。

「月のリズム」でエネルギーをコントロール！

満月と新月のときの行動には注意しましょう。**満月と新月は人の感情を狂わすといわれ、普段と違う行動を取りやすくなる**からです。犯罪や交通事故が多いという統計もあり、出産件数が増えるともいわれます。満月だけに産卵する動物もいたり、植物の種も満月と新月に植えた場合では生育が違います。それだけ満月と新月はエネルギーを増減させるパワーがあるのです。そのエネルギーの影響を受けて、普段よりイライラして人に嫌なことを言ったり、衝動買いしたりするといったことも起こりやすいので、普段とは違う行動に気をつけ、大きな判断はあまりしないほうがいいでしょう。

反対にこのサイクルを利用することもできます。**満月は減らす時期、新月は増やす時期**なので、満月の日に片づけでものを捨て、新月に欲しかったものを買うのもアリです。

「本気スイッチ」を入れるもっとも簡単なやり方

私たちがマインドや生活習慣を変える努力をしたら、きっと状況は改善するのに、なかなか努力できないのはなぜか。**人は基本的に変わりたくないから**です。人間の防衛本能はスキーに行きたい子を止めるお母さんのようだとお話ししましたが、この本能により私たちは「昨日までと違うことをすると何があるかわからない。でも昨日と同じことをやっていれば今日も生きられる」と危険を避けて消極的選択をしがちになるのです。

自分を望む方向に変えようと思ったときも、無意識はもとに戻そう、戻そうとします。それが変わるのは、「このままではもう命が危ないかもしれない」と本気で危機感を持つとき。無意識が一番避けたいのは命を失うことですから、このままでは生きられないと思ったら何でも受け入れます。それが**本気スイッチを入れる**ということ。

本気スイッチを入れるなら、無意識に「死ぬかもしれない」と思わせることです。よく「火事場の馬鹿力」などといって、火事になった家からか弱い女性がタンスを担いで外に出たとか、柱の下敷きになった子どもを助けたという話がありますよね。ただ本気スイッチの入れ方は快楽原則と関係しますから、痛みを避けるために変われる人だけでなく、より良い状況を目指す気持ちが強くて変われる人もいます。

受験のときに「合格しないともう人生終わりだ。私は生きている価値がない」と思うとモチベーションが上がる人と、「この学校に入ったら、こういう就職ができて、こういういい人生が送れる」と思うとモチベーションが上がる人がいる。

お金だったら、「貧乏はしたくない」という思いが強くて、口座の残高がどんどん減ってお金がなくなってきたら、危機感が出て本気になる人と、「豊かになりたい」という思いが強くて、「今のままでも暮らせるけどもっとお金が欲しい」と思うだけでがんばれる人もいます。

本気スイッチを入れたかったら、自分がどちらのほうでモチベーションが上がるタイプかを考えてみましょう。スイッチを入れるのは自分にしかできません。他人のスイッチを入れるということは、自分が人を勝手に操るのと同じようなものです。

自分の「限界」を超える体験をする

本気スイッチを入れたかったら、**意図的に自分の限界を超えてみる**という方法もあります。寒中水泳をする人もいますが、あれはいきなり冷水に入って体がびっくりする状態を作り、「死ぬかも」と危機感を出すことで無意識を変えるものです。

滝行、バンジージャンプのような怖い体験で、本気スイッチが入ることも多いです。

限界を超えるとき、痛みがやってくることがあります。一例として、長距離を走ったことがない人がフルマラソンに挑戦した場合、「ああもう絶対無理、限界」と思う瞬間が必ず来ます。そういうときは、呼吸が苦しくなったり膝が痛んだりします。それは無意識がやめさせようとするからです。

しかし、そこで**限界を超えて本気スイッチが入ると、平気になって走り続けられるよう**

になるのです。

先日私も、試験に備えて1か月ほど、毎日14時間勉強したことがありました。試験は記述式なので、勉強中ひたすら書き続けていました。普段あまり手で字を書くことがなかったので、最初は全然書けず、途中でとにかく手や首が痛くなり、肩もガチガチに凝って、きつくてしょうがなくなりました。しかしそれでも書き続けていると、最後にはすらすらと書けるようになったのです。

一度限界を超えると、限界を超えた状態が普通になります。私も字を書くのに慣れてからは、まったく抵抗なく簡単に書き続けられるようになりました。

もし毎日ジョギングをしようとしたら、最初はきつくてやめたくなりますが、それを超えてがんばってみると、逆に休んだときに体がすっきりしなくて何だか気持ち悪くなります。**走るのが習慣化してしまっていると、無意識はいつも通り走らせようとする**んです。

どうしてもお金持ちになりたいとか、願いを叶えたいと思うなら、自分の限界を超えて本気スイッチを入れることです。

「行動」と「目的」のずれが自然と不健康を招くことも

私たちが取るすべての行動には、前向きな目的があります。

例えば、タバコを吸うのは体に悪いとわかっていても吸ってしまうのは、「落ち着きたい」といった前向きな目的があるから。ところが、吸い続けていると次第に吸わないときに落ち着かなくなり、逆に落ち着くのが難しい状態になります。

暴飲暴食をしたりするのも、それによって心を満たしたいとか幸せを感じたいといった前向きな目的があります。けれどもその行動で、反対に体を悪くしてしまったりして、逆効果になってしまうこともあるのです。このように、私たちの目的と、手段がずれていることが多々あります。

もし目的と手段がずれていてうまくいっていないのなら、本当に目的を実現するための行動に変える必要があります。

「落ち着きたい」が目的なら、タバコを吸う代わりに深呼吸をする、瞑想をする、水やハーブティーを飲む、散歩してみるなど、ほかの落ち着けることをするのです。

「裕福になりたい」という目的があるのに、ネガティブなことばかり言うとか、働かないといった人は、手段が間違っています。手段を変えることが必要です。

今日からできる世界一簡単な「セルフ除霊」実践編

ここから、本格的なセルフ除霊のステップをご説明いたします。今までお伝えしてきたように、霊は自分と同じ波長の人とチャンネルが合うと、寄ってきて取り憑きます。霊の波長というのは、悲しみや恨みなど、ネガティブであって、明るくて幸せなものではありませんよね。

それなら、自分が明るくて、幸せで、喜びにあふれてエネルギッシュな人になれば、霊は波長が合わなくなって憑いていられなくなります。

お金持ちのマインドになったら貧乏神は嫌がり、心身共に健康で元気いっぱいになったら死神も嫌がって去っていきます。ということは、**自分の状態を良くすることは霊障を避けるだけでなく、除霊になる**ということです。

といっても、人は一度誰かを許せない気持ちや、怒りや恨みのようなネガティブな感情を持ってしまうと、なかなか手放しにくいもの。

とくに感情を出すのが苦手で我慢してしまう人は、ずっと自分の中に押し込めたネガティブな感情が溜まっていきます。

このようなネガティブな思いがあると、ネガティブな霊と波長が合って引き寄せてしまったり、他人に生霊を飛ばしてしまって自分にも返ってきたりするようなことにもなりかねないのです。ですからその感情を吐き出すことがとても大切です。

そこでまずは、**自分の中の嫌な感情を浄化させるワーク**をしましょう。

書く・照らす・流す！ネガティブ感情を一掃する紙のワーク

まず紙とペンを用意して、一人で部屋にこもる時間を作ります。可能ならカギをかけるといいでしょう。その部屋の中で、**自分の持っている嫌な感情を紙に書き出していきます。**

できれば1回ごとに一つのトピックに絞り、誰かを憎む気持ち、恨む気持ち、怒り、誰かとの嫌な関係、起きた嫌なこと、言いたくても言えなかったことなど、思い出せるだけ思い出して、全部書いていってください。

そのときに書いてはいけないことは一切ありません。普段は使えない乱暴な言葉や、汚い言葉でも何でもかまいません。紙に書いてアウトプットすることで、感情を全部吐き出すことになります。**1回につき、長くても2時間ほどを目安に**やりましょう。一度にあまり長くやりすぎると頭が混乱したりします。**一度で書ききれなければ、毎日やっても大丈**

夫です。そのときそのときの状況でたくさん書いてもいいですし、何枚あってもかまいません。全然なくても結構です。

書く時間は夜がベストです。一日の終わりのほうがリラックスできますし、マイナスの思いがたくさん出てくるからです。でも、どうしても夜は家族がいてできないのなら、昼でもかまいません。とにかく落ち着いて**邪魔が入らない環境ですることが一番大事**です。

満月の夜になったら、**月の光に当てるように、書いた紙を1分程度さらします。**曇っていたり雨が降っていたりして、月が見えなくてもかまいません。大事なのは光ではなく、満月のエネルギーにさらすことです。終わったら、その紙を安全な場所で燃やします。燃えつきたら灰をトイレで流してください。そのときに、**自分が書き出したすべての嫌な思いが、水と一緒に流れていくのをイメージ**します。

終了後は、だいぶ気持ちがすっきりしているのがわかるはずです。まだすっきりしなかったら、何回やってもかまいません。このワークは、ネガティブな感情を燃やし、さらに灰を水で流してすべてを消滅させる、とてもパワフルなワークです。

エネルギーを満タンにする「呼吸瞑想」と「手」による除霊

呼吸瞑想をすると、心に溜まったネガティブな感情が解放され、エネルギーが湧いてきます。その方法をご紹介します。

この瞑想は、**朝起きたときと寝る前にすることをおすすめ**します。副交感神経が優位で瞑想状態に入りやすいからです。

まず15分タイマーをかけたら、布団の上やヨガマットなどの上に横になってください。リラックスできるなら椅子に座っていても大丈夫です。目を閉じ、ゆっくりと深呼吸してください。鼻から息を吸って、口から吐く。これをひたすら繰り返します。最初は5秒かけて吸って10秒かけて吐くくらいでいいでしょう。

じっとしていると雑念が湧いてきて、瞑想にならない、とよく聞きますが、**雑念があってもまったく問題ありません。**湧いてきても反応せず、完全に無視するようにしてください。もし気になったときは、「今、私は息を吸っています」「私は息を吐いています」と心の中で唱えてください。

または息を吸うときに、1、2、3、4、5……と数を数え、吐くときにまた1、2、3、4、5……と数を数えることに意識を向けます。

ひたすらこれを続けて、タイマーが鳴ったら終了です。

終了したときには、体は半分寝ている状態になっています。全身に手で触れて軽く叩いたり体を動かしたりします。少しずつ体に意識を戻していきましょう。

これだけで脳がリセットされて、新鮮な状態になり、不安や心配事が消えます。

時間は15分ぐらいがベスト。また、タイマーをかけて時間を区切るのはとても重要です。タイマーをかけないといつ終わっていいかわかりませんし、そのまま寝てしまうよりも、一度意識を戻してから寝るほうがすっきりします。

朝この呼吸瞑想をやると、頭も体も整った状態で一日を始められますから、良い一日が過ごせるようになります。

寝るときにやると、睡眠時間が少なくても体がとても楽になります。瞑想している間、深呼吸していますから、毛細血管の隅々まで酸素がいきわたり、細胞が活性化します。

除霊をするときは、この瞑想をした後に、体についたほこりをはらうようなしぐさをします。**手を使って、体の隅々まではらう**ようにしていってください。もしやっている間にぞくぞくしてきたら、何か憑いていた、ということです。

ただこの方法で除霊する場合、エネルギーが十分溜まっていないと、手で祓うだけではあまり効果がありません。ですから、**先に呼吸瞑想をしっかり行って、エネルギーを満タンにしておく**必要があります。

エネルギーが強い温泉と電気風呂は除霊効果が抜群！

自分で除霊する方法として、もっとも手軽でおすすめしたいのが、**温泉や電気風呂に入ることです**。中でも除霊の効果がもっとも高いのが、**電気風呂**です。

電気風呂は低周波の電気を流して、筋肉に刺激を与え、血行を良くするというもの。**ポイントはこの低周波**です。霊は電磁波のようなものですから、電気に弱いのです。

誰しも普通に生きているだけでも生霊に攻撃されたり、出会い頭に憑依されたりすることがあるので、**定期的に電気風呂に入る**のもいいでしょう。

温泉も大変高い効果があります。温泉というのは、地下の水がマグマや岩石などの熱源で温められたり、太古の化石海水が地熱で温められたりしてできたもの。それだけ溶岩の鉱物エネルギーがたくさん入っており、ミネラルも豊富です。

そのミネラルが肌から吸収されるとともに、エネルギーが体に入ってきます。すると自分のエネルギーが大きくなり、霊を祓うことができるのです。

ミネラルの中でも重要なのがマグネシウム。マグネシウムは口から飲んでも吸収されにくいので、**肌から摂るのがいい**といわれています。実際にマグネシウムのお風呂に入ると、体が温まって調子が良くなる人が多いようです。

水に入ること自体にも浄化作用があります。古神道では白装束で、水に浸かる禊《みそ》ぎがありました。これは昔の人が、水に入ることで霊が取れることを知っていたのです。

したがって、何となく調子が良くなくて霊が憑いているかもしれないと思ったら、電気風呂のある温泉に入るのがベストです。

もし近くになかったら、マグネシウムの多い泉質のところを探しましょう。温泉に入る際は、脱水症状にならないよう入る前に水を飲んで、長風呂には気をつけましょう。

また電気風呂では金属類を身に着けたまま入浴するのは危険です。ペースメーカーをつけている人はもちろん、妊娠中の人も避けたほうがいいです。注意事項を守り、心配な方は医師に相談しましょう。ほかにも、私がＹｏｕＴｕｂｅに上げている除霊の動画があるので、上手に活用してみてください。

ネガティブ感情を消す紙のワーク

❶ 紙とペンを用意し、一人で部屋にこもる（できればカギをかける）

❷ 紙に自分の持っている嫌な感情を全部書き出す

❸ 1回につき、長くて2時間ほどで終了する。毎日やってもOK

❹ 書く時間はマイナス感情がたくさん出てくる夜がベスト

❺ 満月の夜に月の光に当てるように書いた紙を1分程度さらす（月が見えなくてもOK。満月のエネルギーにさらすことが大事）

❻ 終わったらその紙を燃やし灰はトイレで流す。自分が書き出したすべての嫌な思いが、水と一緒に流れていくイメージをする

エネルギーを満タンにする「呼吸瞑想」と手で霊を祓う手順

❶ 起床直後または寝る前、15分タイマーをかけ横になる（座っていてもOK）
❷ 目を閉じてゆっくりと深呼吸をし、鼻から息を吸って、口から吐く。最初は5秒で吸って10秒で吐くことを意識する
❸ 雑念が出てきても反応しないで無視する。1、2、3、4、5……と数を数えることに意識を向け、ひたすらこれを繰り返す
❹ 終了後は全身を手で軽く叩いて体を起こし、少しずつ意識を戻す
❺ 体の上から下まで隅々までほこりをはらうようなしぐさをする。除霊は、必ずエネルギーが満タンになる瞑想後に行う

おわりに

「体の痛みが取れた」「恋人ができた」「臨時収入があった」「気分が明るくなり、元気になった」……。YouTubeを始めてから毎日数え切れないほどいただく喜びのコメントを見て、私の力が少しでもみなさんのお役に立っていることを幸せに感じています。

せっかく縁あって私と出会ったみなさんには、これからもずっと幸せに生きてほしい。苦しみから立ち直り、人生の望みを叶えてほしい。そんな思いで本書を綴りました。私が30年間たくさんの失敗をして、試行錯誤しながら自ら実践し、またセッションにも取り入れて実際に効果があったポイントをこの一冊に凝縮したつもりです。

除霊して霊を寄せ付けない習慣をマスターすれば、運はますます良くなり、願いを叶えることができます。どれも難しくなく、すぐにできることばかりですから、ぜひ実践してください。私自身の30年間の実践、またプロ霊能力者としての経験からも、「自分次第で霊障を受けずに開運することはいくらでもできる」と確信しています。

普段から姿勢を良くするよう心がけましょう。瞑想や温泉、電気風呂で除霊しましょう。自分の価値観で良し悪しを判断せずに、自分にとって力になるよう合理的に考えましょう。

起きたことを何かのせいにせず、愚痴や悪口もやめましょう。これからどんな人生を歩んでいきたいか、ゴールを設定しましょう。お金のことで悩んでいるなら、まずは清潔にして、攻撃的な態度は改めましょう。宇宙銀行に素直にお願いしましょう。

どんなに役に立つ話を聞いても、行動が伴わなければ何も変わりません。本書を読み終えたらすぐに実行に移してください。また、ときどき読み返しては自分の行動をチェックしてみてください。この行動が習慣になれば、今までどんなに苦しんできた人でも、これからは必ず幸せに生きられるようになります。

みなさんの習慣がずっと続くように、ＬＩＮＥで定期的にそのとき必要なメッセージを無料配信しています。こちらのＱＲコードを読み取って登録していただくか、ＬＩＮＥで「@pro-healer」をＩＤ検索して申請してください。

あなたがより素晴らしい人生を歩まれることを心から願っております。

２０２１年６月吉日

柳生忠司

柳生忠司 やぎゅう・ただし

幼少の頃より霊感があり、日々霊障を受けるという辛い日々を過ごす。10歳から神道で修行を始める。極度の憑依体質で、最高2000体の不成仏霊に憑依され死にそうになるも除霊を受けて生還。憑依体質を克服するため、西洋レイキ、密教の作法を学び除霊をマスター。2012年12月アセンションにより能力が開花する。指導実績は5年間で約3000名、除霊した数は15000体を超える。また、オンラインセッションや丹田トレーニングなどを精力的に行っている。

【YouTube】プロ霊能力者チャンネル　【ブログ】https://pro-healer.jp

すごいセルフ除霊《じょれい》

超開運《ちょうかいうん》「お清《きよ》め」習慣《しゅうかん》

2021年 6月30日　初版発行
2024年 2月20日　7版発行

著　者　柳生忠司《やぎゅうただし》
発行者　山下 直久
　　　　株式会社KADOKAWA
　　　　〒102-8177 東京都千代田区富士見2-13-3
電　話　0570-002-301（ナビダイヤル）
印刷所　TOPPAN株式会社

●お問い合わせ
https://www.kadokawa.co.jp/（「お問い合わせ」へお進みください）
※内容によっては、お答えできない場合があります。
※サポートは日本国内のみとさせていただきます。※Japanese text only
定価はカバーに表示してあります。
　ISBN 978-4-04-605139-4　C0095